심령과학 시리즈 15

심령치료

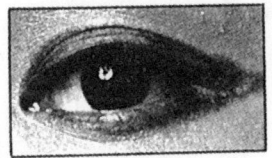

안동민 / 저

瑞音出版社

머 리 말

 몇년 전까지만 해도 전혀 낯선 분야였던 심령과학이 오늘날에는 많은 독자들의 관심을 끌게 되었는데, 그중에는 심령과학과 접하게 됨으로써 파경 직전에 이르렀던 가정이 원만하게 수습된 예도 많고 난치병이나 불치병에 속하는 '빙의령'에 의한 원인불명의 병고(病苦)에 시달리다가 해방된 분들도 많았다.
 필자를 찾아 온(또는 애독자들의 편지 내용) 많은 분들은 심령과학을 접함으로써 사상적으로 인생관(人生觀)이 바뀌어 밝은 생활을 하게 되었다는 경우가 수없이 많다.
 필자는 그동안 많은 사람들이 '영장(靈障)'에 의해 고통받는 것을 목격했고, '제령'을 통해서 또 생활태도와 마음 가짐을 바꾸게 함으로써 명랑하고 행복한 생활을 되찾게 하는데 온 힘을 쏟아 왔다.
 필자는 본시 작가였고, 작가로서 대성하는 것이 으뜸가는 인생의 목표였지만 어느덧 그것이 둘째 셋째가 되었고 심령과학에 대한 지식을 널리 보급시키면서, 인간은 특수한 방법의 체질개선에 의해 초인간(超人間)으로 진화될 수 있다는 사실을 널리 전세계적으로 보급시키는 것이 하늘이 필자에게 준 으뜸가는 사명이라고 확신하게 된 것이다.

사람이 이렇게도 변할 수 있을까 할 정도로 필자의 변신(變身)은 스스로가 생각해도 놀라울 정도이다.

저혈압과 기관지 천식, 그리고 만성 장(腸) 카다르때문에 10년간 고통 속에서 살아왔던 필자였었다. 지금 필자는 반대로 나이를 먹고 있다는 소리를 주위에서 들을 정도로 나날이 젊어지고 있다. 20대에도 요즘과 같은 체력은 지니고 못했다는 것이 필자의 솔직한 고백이다.

필자는 지난 1975년 말에 일본에 다녀온 바가 있다. 나까무라(中村)라는 분의 둘째 아들이 12년 동안 악성의 전신습진때문에 앓아왔는데, 불과 몇 번의 시술과 옴 진동수(振動水)복용으로 완쾌된 것이 인연이 되어 일본에 초대를 받은 것이었다.

표면상의 초청 목적은 필자가 집필한 책을 출판하는데 있었고, 사실상 정식으로 출판계약을 맺고 돌아오기도 했지만, 이번의 일본 방문은 실로 예기치 않았던 큰 성과를 거둔 것이 사실이다.

이제까지 전혀 짐작도 못했던 그 나라 국토와 국민성의 필연적인 함수관계를 이해할 수 있었던 것, 그리고 앞으로의 세계사에 있어서 한·일 두 나라가 지니고 있는 숙명적인 사명이 무엇인가를 깊이 깨닫게 된것이 무엇보다도 큰 소득이었다. 그 다음에 필자가 발견한 체질개선의 원리가 일본을 통해 세계적으로 뻗어나갈 수 있는 발판을 만들고 왔다는 점을 잊을 수가 없다.

금년은 우리나라의 국운(國運)이 과거 그 어느 때보다도 상승기류를 탄 해가 될 것으로 기대되는데, 통일을 위한 남북 정상간의 폭넓은 대화도 점차 성숙될 것이며, 필자에게도 굉장히 기대에 부픈 한 해가 되지 않겠나 전망된다.

애독자 여러분들이 이 책을 읽음으로써 일상생활의 생활태도가 보다 건전해지고 또 병고(病苦)와 불행에서 스스로의 힘으로 빠져나올 수 있는 용기를 얻게 된다면 필자로서는 더 이상의 바램이 없다고 생각한다.

　1994년 7월 25일은 역사적인 남북간의 정상회담이 예정되었고, 그토록 오랜 장벽이 무너지는가 싶더니만 7월 8일 김일성의 갑작스런 사망으로 모든것이 물거품이 되고 말았다. 뭔가 큰 기대감이 송두리째 쓰러져 버린 기분이다.

　5년 후로 닥쳐 온 21세기를 맞아 우리의 국운(國運)은 승승장구의 여세로써 축복받는 나라가 될 것으로 전망된다.

1994년 8월
저 자

심령치료 • 차례

머리말 ——————————————— 7

서 장 우리에게는 미래가 있는가?

1. 인간의 비밀 ————————————— 16
2. 체질개선의 원리 ———————————— 26
3. 우리에게는 미래가 있는가? ——————— 34
4. 진동수의 원리 ————————————— 37
5. 한국인과 일본인 ———————————— 41

제1장 식물인간들

1. 생각한 대로 된다 ———————————— 48
2. 태교(胎教)의 뜻 ———————————— 53
3. 해방된 식물인간 ———————————— 57
4. 어느 영능력자 이야기 —————————— 60
5. 인간으로 재생한 돌고래 이야기 —————— 66

제2장 동물령들의 암약

1. 도벽을 고친 소년 ———————————— 74
2. 뱀의 원령 ——————————————— 77

3. 어느 불면증 환자의 이야기 ——————— 84
   4. 개로 재생된 어느 프랑스 여인 ——————— 87
   5. 어느 남편의 전생을 본다 ——————— 90
   6. 다람쥐가 되었던 조부의 재생 ——————— 94
   7. 닭을 무서워 하는 소년 ——————— 99

제3장 원인과 결과

   1. 운명은 바꿀 수도 있다 ——————— 106
   2. 손자로 재생한 조부 ——————— 113
   3. 얽힌 인연을 푼다 ——————— 117
     1) 첫번째 이야기 ——————— 117
     2) 두번째 이야기 ——————— 124
     3) 세번째 이야기 ——————— 128
     4) 네번째 이야기 ——————— 131

제4장 난치병과 영능력자

   1. 어느 목사님의 이야기 ——————— 146
   2. 가도·다에꼬 양의 경우 ——————— 155
   3. 목을 잘못친 사무라이 ——————— 158
   4. 잉태한 남자 이야기 ——————— 165
   5. 백내장이 벗겨진 이야기 ——————— 168
   6. 백일 동안 진동수를 마신 젊은이 ——————— 173

제5장 시공을 초월한 마음

   1. 지박령들 이야기 ——————— 176
   2. 이상한 인연 ——————— 182
   3. 손가락을 짜른 여인 ——————— 184

4. 지구인이 된 우주인 ──────── 188
5. 북극성에서 온 사람들 ──────── 193
6. 어느 충신의 후예 ──────── 199
7. 빙의된 필자 이야기 ──────── 202
8. 한국인으로 재생한 외국인들 ──────── 206
  1) 첫번째 경우 ──────── 206
  2) 두번째 경우 ──────── 208
  3) 세번째 경우 ──────── 209
  4) 네번째 경우 ──────── 211

종 장 궁금한 이야기들

1. 미신과 신앙의 구별은 어떻게 하는가? ──── 216
2. 한국인이 원판인 필연적인 이유는 무엇인가? ── 217
3. 빙의되지 않을 수 없는 생활태도는? ──── 220
4. 제령하는 방법을 배울 수 있는가? ──── 221
5. 우주의 근본 파동설에 대해서 ──── 222
6. 심한 알콜 중독도 빙의령때문인가? ──── 224
7. 심한 여드름도 영혼이 빙의된 때문인가? ──── 225
8. 후회하면서 바람을 피우는 남편도 빙의령
              때문인가? ──── 225
9. 자식의 도벽도 악령이 빙의된 때문인가? ──── 226

서 장
우리에게는 미래가 있는가?

1. 인간의 비밀

　20세기에 들어서면서 많은 분야에서 엄청난 발견이 있었고 우리 인류의 물질문명은 역사상 그 예를 찾아보기 힘들만큼 크게 발전했다.
　수백만 광년(數百萬光年)의 먼 곳에 있는 별세계를 관찰할 수 있는 거대한 전자망원경의 발견에서부터 극소의 세계를 알아 볼 수 있는 전자현미경에 이르기까지, 50마일 높은 하늘 위에서 땅 위를 지나는 개의 모습을 캣치할 수 있는 인공위성의 정밀장치 등, 인간이 알아내고 발견한 과학의 분야는 실로 엄청나고 놀라운 바가 있다.
　그러나 여기 가장 가까운 곳에 몇천년 전 옛날보다 하나도 더 발전하지 못한 분야가 있다. 아니 생각하기에 따라서는 오히려 크게 후퇴한 분야가 있는 것이다.
　그것은 무엇인가?
　바로 인간인 우리 자신의 존재에 대해서 너무나도 모르고 있다는 사실이다. 예전 사람들은 그런대로 인간을 영혼과 육체를 아울러 지닌 존재로 확신했고, 그들 나름대로의 확고한 우주관(宇宙觀)을 갖고 있었지만 요즘 현대인의 대부분은 눈 앞에 보이는 세계만이 전부인 줄 아는 착각 속에서 살고 있는 것이다.

우리의 눈과 코·입 등 오관(五官)이 얼마나 부정확하고 제한된 식별 능력 밖에 없다는 사실을 대부분의 사람들은 모르고 있으면서 보이지 않는 것, 들리지 않는 것, 피부로 접촉해 볼 수 없는 것은 무조건 존재하지 않는다는 그릇된 미신(迷信)에 사로잡혀 있는 것이다.

"요즘 문명사회에 영혼이 어디 있습니까? 저는 그런 미신은 믿지 않습니다."

자기 자신이 지독한 영장(靈障)에 희생되어 있으면서 필자를 비웃듯이 이런 이야기를 하는 사람들을 보면 실로 한심하기가 이를데 없다.

심지어는 필자가 대학을 졸업했고, 작가였던 사람이 머리가 돈 것이 아니냐고 반문하는 데는 대답할 말을 잊는 경우가 많다.

처음부터 귀를 막고 필자의 이야기를 들으려고도 하지 않는 사람들, 어디 그 뿐인가 그 중에는 영혼이 존재하지 않는다는 것을 역설하여 필자의 생각을 자기 딴에는 옳게 인도하려는 진짜 무식꾼에게는 기가 막히지 않을 수 없다.

필자가 영사(靈査)를 하면 이런 사람들은 거의 예외없이 저급령(低級靈)에 속하는 사람들이다.

심지어는 흰 종이를 내어놓고 자기가 마음으로 쓴 글을 알아보라고 그것을 밝혀내지 못하면 사기꾼이라는 데는 더 이상 상대할 필요를 느끼지 않는다.

그렇다. 사람은 누구나 생각할 수 있는 자유가 있다. 영혼의 세계가 없다고 믿는 이들은 그렇게 생각할 수 있는 자유가 있는 것이고 또 사실상 그들에게는 영혼의 세계는 존재하지 않는 것이나 다름이 없다고 생각한다.

필자는 이런 사람들은 설득의 대상으로 삼을 생각이 없다.

필자의 도움을 필요로 하는 사람들은 상대하기에도 시간과 정력이 모자라서 쩔쩔매는 형편인데 그들의 저급한 수준으로 스스로를 낮추어서 상대할 생각을 갖고 있지 않다는 이야기다.

이러한 사람들이 인간의 본질을 깨닫게 되려면 현실세계에서 좀더 많은 고난을 겪어야만 하고 더 많이 윤회를 할 필요가 있다고 생각한다.

서로 마음의 파장(波長)이 맞지 않은 사람들끼리의 대화(對話)는 원칙적으로 불가능한 것이기 때문이다.

'인연없는 중생(衆生)은 제도하기 어렵다'고 하신 부처님의 말씀이 이 경우에도 진리임을 알 수 있다.

자기가 마음 편할대로 생각하게 버려둔다는 것, 인간의 생각할 수 있는 자유라는 기본권을 침범해서는 안된다는 것이 필자의 생활신조이기 때문에 이런 도전적인 사람들에게 대해서는 필자는 일체 아무런 대답을 하지 않기로 하고 있다.

우리가 가장 모르고 있는 것이 인간 자신이라는 이야기에서 너무 엉뚱한 곳으로 화제가 빗나갔기에 다시 본론으로 돌아온다.

필자는 생각한다.

오늘날의 많은 현대인들이 인간의 본질을 모르고 있고 또 알려고도 하지 않게 된 중요한 원인의 하나는 영혼 운운하는 추상적인 용어에도 그 책임이 있다고 본다.

생명의 본질을 눈이나 그밖의 우리의 오관이 식별할 수 있는 범위를 넘어선 차원에서 다루고저 한다면 자연 이런 그릇된 생각은 사라지게 되리라는 것이 필자의 생각이다.

그리고 하나의 생명형태를 그것 자체만 보지 말고 우리가 살고 있는 환경, 우주와의 관계에서 살펴보고저 한다면 여러

가지 의문나는 점은 스스로 쉽게 풀어질 수 있다는 것이다.
　그런 점에서 오히려 고대인(古代人)들은 모든 생명을 우주의 본질과 연관시킨 입장에서 해석했기에 정당한 해석을 내릴 수 있었던 것이다.
　고대인들의 소박한 우주관에서 볼 때, 이 우주는 음양오행(陰陽五行)이 지배하는 세계라고 보았다. 그리고 사람의 몸도 음양이 조화를 이루고 있으면 건강하고, 그 균형이 깨지면 건강이 나빠진다고 보았다.
　일본에서는 질병을 '뵤오끼(病氣)'라고 쓴다. 병든 기운, 다시 말해서 유독가스가 몸에 많은 것이 곧 앓고 있는 상태라고 표현한 말이다.
　또한 원기(元氣)가 왕성하다는 말이 있다. 이것은 우주의 건전한 본래의 기운, 다시 말하면 에너지가 충만되어 있다는 말이 아닐 수 없다. 우리나라 말인 하나님도 하나 밖에 안계신 분, 즉 창조주를 나타낸 말이다. 아버지가 '돌아가셨다'는 말은 원래의 고향인 저승으로 가셨다는 뜻이다.
　본시, 말이란 사상과 감정의 표현인 만큼, 이러한 우리나라의 말들을 보면 우리의 조상들이 얼마나 슬기로운 백성이었는가를 잘 알 수 있다고 생각한다.
　고대인이 말한 음양(陰陽) 문제를 현대적으로 해석해 보자. 사람의 몸은 플러스 이온과 마이너스 이온이 대개 5대 4의 비율로 배정되어 있으면 건강하다는 학설이 있다.
　또한 건강한 사람의 몸 표면에서는 정전기가 발생하고 있음을 측정할 수가 있고, 중병을 앓고 있는 사람 몸에서는 양전기(陽電氣) 발생을 검출할 수 있다고 한다.
　이것은 곧 인체가 음양으로 구성되어 있다는 사실을 말해주고 있는 게 아니고 무엇인가.

기회 있을 때마다 필자가 되풀이 해서 주장하는 학설인데, [지금은 단지 필자 혼자만의 주장인 가설이긴 하지만] 인간을 복합생명체(複合生命體)라고 생각하는 것이다.

육체란 마이너스 전기 곧 정전기를 띤 탄소형생명체(炭素型生命體)이며, 정신체[곧, 흔히 말하는 영혼은]는 전자파 에너지 생명체로서 플러스 전기를 띠운 가스형태[또는 순수한 전기 에너지 형태]의 생명체이고, 육체의 신경조직에 전류를 보내주는 경락(經絡)을 장악하고 있으며, 이 경락을 통해 신경회로에 동물전기를 보내주고 있고, 또한 밤에는 같은 경락을 통해 육체와 정신체의 활동에서 생겨나는 여러 가지 종류의 유독가스를 몸 밖으로 내어보내고 있는 것이다.

육체는 음식이라는 영양분을 취하지만 결국 종국적으로 섭취하는 것은 음식이라는 물질에 함유되어 있는 에너지(곧, 칼로리)를 섭취하고 나머지는 대소변을 통해 몸 밖으로 배설하고 있는 것이다.

섭취한 칼로리(곧, 에너지)의 일부는 여러 가지 물질로 다시 환원(還元)시키고[그 구실은 간장이 주로 맡아서 하고 있다] 일부는 순수한 전기 에너지 형태로 척추 끝 부분에 저장해서 에너지 생명체의 에너지의 공급원이 되고 있는 것이 분명하다는 것이 필자의 생각이다.

에너지 생명체인 영혼은 육체를 통해 에너지의 공급을 받고 있고, 또한 에너지 생명체의 활동에서 빚어지는 각종 배기가스를 경락을 통해 몸 밖으로 내어 보내고 있는 것이다.

영혼이라는 에너지 생명체는 육체라는 옷을 입지 않고서는 우리가 살고 있는 이 물질세계에서는 아주 무력한 존재인 것이다. 육체를 통해서 생명 에너지의 공급을 받고 있고, 또한 육체를 통해 이 물질 우주가 지니고 있는 여러 가지 법칙을 배우게 되는 것이라고 할 수 있다.
 이것은 마치 우리가 우주복을 입지 않고서는 공기가 없는 월세계(月世界)에서 잠시도 생존할 수 없는 것과 같은 이치라고 할 수 있다.
 그런데 말이다. 이 넓은 우주에는 육체가 필요없는, 다시 말하면 에너지 생명체 자체가 아주 발달해서 직접 우주 에너지를 흡수할 수 있는 그런 생명체들도 존재하리라고 필자는 생각한다. 이들이 바로 영계(靈界)라고 우리가 부르는 에너지 세계의 주민들인 것이다.
 산소를 농축시키면 액체산소로 변할 수 있듯이, 이 넓은 우주에는 에너지 생명체인 자기 몸에 우주력을 집결시켜서 얼른 우리가 보아 육체와 같은 형태로도 변할 수 있는 그런 발달된 생명체가 분명히 존재하리라고 필자는 생각한다.
 이들이 바로 고급 영계인이오, 우주인이오, 성서에서 말하는 천사들인 것이다.
 이들의 몸은 순수한 빛 에너지의 집결체이기에 태양과 같이 눈이 부실 수도 있고, 또 주파수에 변화를 일으킴으로써 우리 눈으로는 식별할 수 없는 적외선이나 자외선의 파장 속에 숨어 버릴 수도 있는 것이다.
 결국, 그러고 보면 우리네 인간이란 보다 에너지체가 발달된 영계인이나 우주인의 어린 시절에 해당되는 존재라고 보아야 할 것이다.
 이 물질 우주의 여러 가지 법칙을 배우고 익히기 위하여 잠시 지구로 보내져 대체로 1만 2천년을 한 주기(週期)로 삼아서 윤회를 되풀이 하는 어린 우주생명, 그것이 바로 인간이 아닌가 생각한다.
 지구와 또한 지구인이 죽어서 돌아가야 하는 유계(幽界),

그 윗층에 속하는 영계(靈界)까지도, 인간이 완전히 성숙해진 형태인, 보다 고등생명체(高等生命體)들에 의해 엄격하게 관리되고 있는 하나의 학교와 같은 조직이 아니냐는 것이다.

역사상 나타난 위대한 성현(聖賢)들은 성숙된 인간인 우주인이 보내 준 '인류의 교사', 그러니까 유치원 선생과 같은 분이었던게 아닌가 생각된다.

생각해 보면 이 물질 우주는 기본적으로 아주 간단한 조직으로 되어 있다고 생각한다. 우선 원자의 구조를 보면 원자핵은 플러스 전기를 띄우고 있고, 그 주위를 도는 전자는 마이너스 전기를 띄우고 있다.

인간의 육체와 영혼을 보면, 마이너스 전기를 띈 육체를 플러스 전기체인 에너지 생명체가 관리하고 있다.

그럼 더 규모를 크게 해서 태양과 지구의 관계를 살펴볼 때, 지구는 마이너스체요, 태양은 플러스체인 것이 분명하다.

지구의 중심에서 방사선 모양으로 뻗어나오는 마이너스 자장(磁場)의 힘과 태양에서 오는 플러스의 중력(重力)이 대기권 밖에서 만날 때, 비로소 지구에게 생명력을 공급해 주는 열선(熱線)이 형성되는 것이라고 필자는 생각한다.

우주 공간에서의 태양의 광선은 플러스이기 때문에 그 자체는 열이 없으리라고 본다.

이런 이론을 바탕으로 생각하면 오늘날 대부분의 사람들이 믿고 있는 인간의 구조도 잘못된 생각인게 분명하고, 태양계의 다른 별들인 먼 곳에 있는 떠들이 별은 춥고, 가까운 곳을 돌고 있는 수성(水星)은 굉장히 더우리라는 것도 전부 잘못된 생각임을 알 수 있는 것이다.

우리가 믿고 있는 천문학(天文學)의 지식은 본질적으로 하나의 가설에 지나지 않음을 우리는 알아야 한다. 가까운 곳에 있는 별은 덥고 먼 곳에 있는 별은 춥다는 것은 너무나도 소박한 생각이다.

별들도 우리 인간과는 또 다른 차원에 속하는 하나의 거대한 생명체인 것이며, 우주공간을 달리는 태양의 빛은 열이 없으며, 열이란 플러스와 마이너스의 에너지가 합선(合線)할 때 비로소 생긴다는 것은 초보적인 전기(電氣) 지식이 있는 사람이면 누구나 쉽사리 수긍이 가리라고 생각한다.

따라서 이런 이론을 바탕으로 생각하면 모든 것이 지극히 간단 명료해진다.

토성(土星)과 같은 별도 태양에서 멀리 떨어져 있기는 하지만, 그 질량이 크기 때문에 그 별이 내어 뿜고 있는 에너지는 자못 클 것이오, 그 대기권 밖에서 태양으로 오는 플러스 에너지와 충돌하면 그 대기는 비교적 따뜻한 상태를 이루고 있는지도 모르는 것이다.

여지껏 우리가 금성(金星)이나 화성(火星) 또는 월세계로 쏘아올린 위성(衛星)들이 가져 온 자료들도 믿을만한 것은 못된다고 필자는 생각한다.

왜냐하면 만일 그곳에 우리네 인간들보다 더 발달된 우주인들이 살고 있다면, 자기네의 비밀을 지극히 공격적인 성품을 지니고 있는 지구인들에게 알리지 않기 위해 얼마든지 조작된 자료를 보내올 수 있는 문제이기 때문이다.

다른 별들은 인간이 생존할 수 없는 환경이라고 믿게 하는 것이 지극히 그들에게는 필요한 방위조치일 것이기 때문이다.

어느 때 부터인지, 인간은 아주 교만방자한 존재가 되어,

이 우주에 존재하는 고등생명체(高等生命體)는 인간 뿐이라는 하나의 망상에 사로잡힌 바가 되었고, 하나의 가설을 진리로 착각해 상식의 벽을 처놓고 그 속에 안주(安住)하여 자기가 알고 있는 상식 밖의 지식은 이를 미친놈의 잠꼬대로 여기며 두 귀를 꼭꼭 틀어막는 나쁜 습성을 지니게 된 것이 아닌가 한다.

필자는 생각한다.

인간이 자신과 우주에 대하여 좀 더 겸허한 자세를 가지고 자기가 누구이며, 우주와 어떤 상관관계를 갖고 있는가를 정확히 파악해 그야말로 하나의 가설이 아닌 우주의 진리(眞理)를 깨닫게 되지 않는 한, 우리네 인간에게는 미래가 없다는 뜻이다.

인간이 스스로의 정체를 정확하게 알아내는 날, 인간은 여지껏 숨겨져 있던 하나의 커다란 우주의 비밀을 알게 될 것이오, 우주의 대생명체에 연결되어 있는 자신의 존재가치와 사명을 깊이 깨닫는 날, 인간은 집단적인 노이로제 증상에서 해방되어, 진실로 평화를 사랑하고 이웃을 아끼고 서로 협동할 수 있는 고등 생명체로 진화 될 것이며, 또한 인간이 지구의 중력에서 해방될 수 있는 반중력(反重力) 비밀을 알게 되면 지구의 중력장(重力場)의 쇠사슬에서 풀려나 아득한 고대(古代)에서 부터 항상 갈구해 오던 우주 진출이 가능해지리라고 필자는 생각한다.

그렇게 되면 여지껏 외톨박이인 줄만 알았던 인류가 사실은 태양계 가족들의 막내였음을 깨닫게 될 것이다.

우리에게 지금 가장 시급한 문제는 인간의 정체가 무엇인가를 모두 깊이 깨달아 인간 본연의 자세인 영각자(靈覺者)의 경지로 우리 모두가 진화하는 것이라고 생각한다.

오늘날의 인류는 자신이 오염시켜 놓은 환경에 적응치 못해 멸망의 길로 치닫고 있는게 현실이라고 본다.

앞으로 우리가 살 수 있는 길은 이 오염된 환경의 영향을 받지 않는 초인간(超人間)으로의 변모가 집단적으로 성공되어야 하고, 더 나아가서 물질에서 에너지를 생산하는 오늘날의 물질문명에서 에너지에서 물질을 얼마든지 만들어 낼 수 있는 4차원 과학(四次元科學)의 연구, 연료를 전혀 쓰지 않는 중력(重力)과 반중력(反重力)을 이용한 특수한 엔진의 개발이 시급하다고 본다.

인간이 초능력자로 변모될 수 있는 가장 빠른 방법은 이미 필자가 발견했고, 많은 사람들에게 실험하여 성공을 거둔 바 있다.

인간은 아주 간단한 물리적 방법으로 공해의 영향을 받지 않거나 또는 적게 받는 그런 존재로 진화될 수가 있는 것이다. 그것이 바로 이제부터 필자가 이야기하려는 체질개선의 원리인 것이다.

2. 체질개선의 원리

　이제까지 필자가 주장해 온 것을 주의깊게 읽은 애독자 여러분은 다음과 같은 결론을 쉽사리 얻게 되었으리라고 생각한다.
　인간은 복합생명체(곧 에너지체와 물질체가 서로 협동하여 하나의 인간을 형성하고 있다는 것)이며, 인간이 늙고 병들어 죽게 되는 중요한 원인은 몸 안에 나쁜 가스가 계속 축적되어서 신경조직의 전류 흐름이 불완전하게 되고, 그 결과 혈액 순환의 장애때문에 몸 안에 여러가지 노폐물질과 유독가스가 충만됨으로써 육체 조직이 그 기능을 다 못해 종말에는 파괴된다는 것, 육체가 그 구실을 다하지 못하게 되면 육체를 지배하던 에너지체인 정신체(精神體)는 육체를 통해 에너지 공급을 받지 못하게 될뿐만 아니라 육체의 신경 조직을 움직이는 힘을 잃게 된다는 것, 그리하여 육체에서의 에너지체 탈출이 바로 우리가 말하는 죽음이라는 사실을 쉽사리 이해하게 되었으리라고 생각한다.
　그래서 인간을 병들거나 죽게 만드는 것은 몸안의 유독가스와 노폐물질의 축적때문이라는 것을 알수 있을 것이고, 현대의 우리가 처해 있는 환경이 공해물질과 유독가스로 충만되어 있다는 사실과 대조해 볼때, 몸 안으로 침투하는 여러

가지 공해물질과 유독 가스를 효과적으로 배출시킬 수 있는 어떤 특기할 만한 방법을 개발하지 못하는 한, 인간은 생물학적(生物學的)으로 멸망하게 되리라는 것이 너무나 분명한 것이다.

2, 30여년 전만 해도 각종 암은 희귀했고, 뿐만 아니라 그때는 40대 이후에나 발병하는 것으로 알던 고혈압이나 암이 지금은 20대 아니 심지어는 열살도 되지 않은 어린이에게서도 발생하고 있다는 사실은 결코 무심히 보아 넘길 문제가 아니라고 생각한다.

지금은 아직 이같은 난치병의 발병이 문제되고 있지만, 앞으로 얼마 후에 모든 인류는 몸안에 나날이 축적되는 각종 공해물질과 유독가스 때문에 생식력(生殖力) 마저 감소되는 현상이 예상된다.

이같은 현상은 이미 날짐승의 세계에서도 나타나고 있음을 알아야 된다. 부화를 못하는 알을 낳아 날로 멸종되어 가는 날짐승들, 이들 조류가 없어지면 곤충들의 과잉 번식때문에 농작물에 막대한 피해를 가져 오게 된다. 그래서 인간은 각종 농약을 살포하게 되는데, 이에 따라 우리에게 필요하고 유익한 곤충마저 멸종시켜 식물들은 열매를 맺지 못할뿐만 아니라 농산물을 통해 우리 몸에 침투한 농약의 독성은 마침내 인간의 생식력까지 감소시켜 지구에서 누려왔던 왕자(王者)를 스스로 포기하게 될지도 모른다.

우선 전세계적인 규모로 기형아들이 많이 태어나거나 선천적으로 병약해 성년(成年)이 되기 전에 사망하는 어린이들, 다음 단계는 보다 불완전한 염색체를 가진 남자들만 차차 태어나게 되고, 이어 남성들의 생식력이 없어지면 여성들의 수태능력마저 상실하게 되면 인류는 조용히 그 종말을 맞이하게 될 것이다.

　일반적으로 핵전쟁만 일어나지 않는다면 인류는 오래 오래 존속할 줄 아는 이들이 많은데, 이는 너무나 단순한 생각이다. 인류는 지금 현재도 멸망해 가는 과정을 이미 밟고 있음을 우리는 알아야 한다.

　또한 현대의 물질문명은, 자원면(資源面)에서도 멸망을 향해 치닫고 있는 것이 사실이다. 대체적으로 학자들이 계산한 바에 의하면, 20세기 말이나 21세기 초가 지나면, 지구의 자원도 더 이상 인간들을 먹여살릴 수 없는 한계에 도달한다고 보고 있는 것이다.

　이렇게 볼때, 생물학적으로나 자원적인 두가지 면에서 이제 우리에게 남겨진 시간은 짧으면 10년, 길어봐야 20~30년을 넘기기 어려울지 모른다.

　그렇다면 인류에게는 미래가 없다는 이야기가 되는 셈인데, 우리들의 모든 노력이 결과적으로는 집단적인 멸망을 향해 줄달음치고 있는 것이라고 예상할 수 있는 것이다.

　물론 그것은 예상 가능한 사실이다.

　하지만, 여기에는 한가지 빠져나갈 길이 있는 것이다. 물론 인류 전체를 구원할 수 있다는 이야기는 아니지만, 적어도 인류가 일부분은 살아남아 보다 찬란한 21세기의 문명을 이룩할 수 있는 탈출구가 분명히 있는 것이다.

　그것은 무엇인가?

　첫째, 인간의 본질을 완전히 과학적으로 파악해 몸 안에 축적된 공해물질을 효과적으로 몸 밖으로 배출시키는 방법을 강구할 것. 둘째는, 인간의 두뇌 지능을 급속도로 개발시켜 에너지에서 물질을 만들어 내고 또 환경을 오염시키지 않을 수 있는 새로운 문명을 이룩했을 때, 인간은 비록 대다수가 여러가지 난치병과 생식능력 상실로 멸망하더라도 적어도 인류의 엘리트들만은 살아 남을 수가 있다는 것이 필자의 생각이다. 필자가 개발하고, 또 임상적인 실험을 통해 기적적으로 성공을 거두고 있는 체질개선의 원리가 바로 인간을 구제할 수 있는 길이라면 아마 대부분의 사람들은 아연해지기가 쉬우리라고 생각한다.

그러나 인내심을 가지고 필자의 다음 이야기를 침착하게 들어주기 바란다.

사람이 사람으로서 살아가는 기본원리는 아주 간단하다. 우주 어디에선가[물질태양과 영계 둘 다 일수도 있다]에서 쏟아져 오는 생명전파(生命電波)를 머리위 백회(百會)에서 빨아들여 시상하부(視床下部)에서 5볼트 정도의 동물전기(動物電氣)로 바꾼 다음, 이 전류가 14경락을 통해 신경조직을 움직이고 있는 것인데, 송과체(松果體)[의학적으로는 아직 그 기능이 완전히 밝혀지지 않았다고 함]의 뇌사(腦砂)는 대체로 여덟살이 넘으면 그 흔적을 찾아보기 어렵다고 한다. 그러나, 두손의 장심(掌心)에 뚫려 있는 심포경(心包經)을 해 아침마다 태양 에너지를 효과적으로 약 백일동안 빨아들이면 송과체의 뇌사가 응집현상을 일으켜서 사리(舍利)가 형성되며, 이 사리는 겨자씨 만한 크기라고 생각하면 된다

또, 이 사리가 형성되면 보통 사람과는 전혀 다른 신체로 차차 변하게 된다. 즉, 이 사리는 여러가지 뇌파에 감응하고 동조함으로써 테레파시 작용도 일으키고, 한편 우주력(宇宙力)을 집결시킬 수도 있으며, 우주의식과 동조함으로써 신통자재(神通自在)한 힘을 발휘하게 된다.

또한 사리가 이루어진 사람은 쉽사리 정확한 '옴' 진동을 일으킬 수가 있고['옴' 진동을 일으키는 동안, 숨은 내어쉬기

만 하기 때문에 피부 호흡과 백회가 완전히 열리지 않은 사람은 거의 불가능하다] 옴 진동을 일으킬 수 있으면 자기 몸 안에 축적된 각종 유독가스는 여러가지 냄새를 풍기면서 몸 밖으로 나가게 된다.

옴 진동을 할수 있게 된 사람이 두 손바닥을 아래로 향하고 진동을 일으키면 처음에는 손바닥에서 찬바람이 일며 악취가 나게 마련이다. 몸 안에 유독물질이 없어지면 반대로 손바닥에서 더운 바람이 일며 향기로운 냄새가 풍긴다.[이것은 피하지방산(皮下脂肪酸)이 연소되는 냄새이다.]

한편, 옴 진동을 물에 주어 진동수(振動水)를 만들어 마실 수 있게 되는데, 이때는 내부적으로 잘 배출 안되는 유독가스도 이를 쉽게 배출할 수 있게 된다.

〈진실로 너희가 겨자씨만한 믿음이 있으면 이 산을 저 산으로 옮기게 할 수 있으리라〉고 한 성경 말씀은 결코 겨자씨만한 작은 믿음만을 뜻한 것은 아니라고 생각한다.

송과체(松果體)속에 겨자씨 만한 사리를 형성할 정도로 평소에 열심히 닦고 기도하여 우주력이 집결될 수 있는 몸이 된다면 신통자재해질 수 있다는 보다 고차원(高次元)의 해석이 옳으리라고 필자는 생각한다.

또한 우리가 맨발로는 먼 길을 갈 수 없으나, 신발이나 교통기관을 이용하면 먼 곳까지 갈 수 있듯이 송과체 속에 사리가 형성되지 못한 사람에게는 사리와 같은 구실을 할 수 있는 은으로 만든 메달[그 구조는 아직 밝힐수 없다. 앞으로 필자가 이 체질개선 연구단체를 보다 큰 규모로 발전시켜서 회원제(會員制)로 만들때 직접 만들어서 보급시킬 계획이다.]이나 또는 박클로 만들어 착용시킴으로써 땅에서 오는 마이너스 에너지인 자력(磁力)과 하늘에서 오는 플러스 힘을 합신시켜서 심장 또는 단전(丹田)으로 보내주는 장치를 제공해 주면 몸 안에 흐르는 동물전기의 힘을 보다 강력하게 보충시킬 수도 있는 것이다.

아주 간단하고 쉬운 방법으로, 인간이 지닌 지능을 급속도로 발달시키는 방법과, 몸안에 축적된 각종 공해물질을 가장 효과적으로 배출시킬 수 있는 특수한 진동법의 훈련이 있겠는데, 훈련이 완성되기 전에는 옴진동을 녹음한 녹음 테이프를 이용할 수 있는 방법도 있는 것이다.

여기서 체질개선의 원리를 간단하게 정리해 본다.

1. 인간의 정신체(精神體)와 육체와의 필연적인 상관관계를 과학적으로 잘 설명해 납득시킨다.

2. 몸 안에 축적되는 각종 공해물질을 본인의 신체를 개조해 능력을 부여시키거나 또는 간단한 기구(메달과 녹음테이프)를 이용해 가장 효과적으로 배출시키는 방법을 강구한다.

3. 상당한 시간에 걸친 훈련에 의해 보통 사람들을 초능력자(超能力者)로 변모시킴으로써 이들의 뛰어난 능력을 최대한으로 활용해 에너지에서 물질을 만들어 내는 4차원의 과학문명을 이룩한다.

4. 이상의 목적 달성으로, 체질개선된 사람들이 모여서 하나의 커다란 단체를 이루게 되고, 그 회원들이 전세계적으로 확장될 때 비로소 우리 인류는 공해와 자원고갈에 의한 완전멸망의 길에서 탈출할 수 있다는 것이 필자의 변함없는 신념이며, 또한 그 일을 완성시키기 위해 필자는 이 세상에 태어난 것이라고 굳게 믿는 것이다.

필자가 그동안 자택에서 체질개선연구원을 개원하고, 필자를 찾아온 수많은 사람들의 체질을 개선시켜 주었는데, 그 결과로 거의 기적과 같은 일들이 매일 일어나고 있는 것은 하나의 큰 목적을 위한 임상실험에 지나지 않는 것이다.

　육체적으로나 정신적으로 황폐화 된 사람들의 체질개선에 의한 놀라운 변모, 중환자가 병고(病苦)에서 해방되고, 노인이 젊어지며, 저능아가 정상인이 되고, 성격이 개조될 뿐만 아니라 심지어는 평범하던 사람이 하루 아침에 필자와 같은 초능력자가 된 예는 이루 헤아리기 어려울 정도로 많다.

　인간 스스로의 정체가 무엇임을 깨닫고, 이 세상에 태어난 뜻을 알게 되면서, 세계의 동포들을 구원하고저 뜻을 세운 사람들도 수없이 많았다.

　때가 오면 필자가 연구 개발한 체질개선의 원리는, 요원의 불길처럼 전 세계로 확장되리라고 생각된다. 그러나 모든 사람들이 필자의 이야기에 귀를 기울이게 되리라고는 처음부터 기대하고 있지 않은 것도 또한 사실이다.

　한 웅큼의 사람들이라도 좋다고 생각한다.

　우리 인류가 완전히 멸망만 하지 않고 소수의 초인(超人)들만이라도 살아남아서 다음 세대(世代)가 이어진다면 이로서 하늘의 뜻은 충분히 달성된 것이라고 생각한다.

　가을이 깊어지면 들판을 메꾸었던 메뚜기의 떼는 사라지지만 그 알들은 땅 속에 안전하게 숨어서 다음 봄을 기다리게 된다. 우리 인류도 그 규모가 다를뿐, 이치는 마찬가지라고 생각한다.

　인간이 너무 번성했고, 너무 사악해졌으며 교만 방자해져 자기 주위의 환경을 모조리 못쓰게 만들고 있는 지금, 인류의 앞에는 오래지 않아 추운 겨울이 닥쳐오게 마련이고, 추운 겨울을 효과적으로 넘길 수 있는 준비가(정신적으로나 육체적으로)되어 있지 않은 사람들은 어차피 들판을 메꾸었던 메뚜기떼와 같은 신세를 면하지 못할 것은 너무나도 분명한 일이라고 생각한다.

  메뚜기가 되느냐, 땅 속에 숨어서 안전하게 겨울을 넘기는 알이 되느냐는 이제 여러분들 스스로 결정할 문제라고 생각한다.

3. 우리에게는 미래가 있는가?

　우리에게는 미래가 있는가? 이것은 어느 의미에서 엄청난 질문이라고 할 수가 있다.
　필자는 생각한다.
　미래가 없다고 하는 대답도 나올수 있고, 미래가 오히려 찬란하게 보장되어 있다는 대답도 나올 수 있다고 본다.
　여기에서 한 가지 질문에 대해 어떻게 정반대되는 대답이 동시에 나올 수 있는가 하는 의문을 갖게 되리라고 생각한다.
　미래가 없다는 대답은 40억이 넘는 모든 인류에게 미래가 있는 것은 아니다 라는 뜻이다.
　역시 대부분의 인간들은 공해로 말미암아 그들의 천명(天命)을 다하지 못하거나 또는 자손을 남기기 어렵다는 뜻이니 그 대답은 자연 부정적인 것이 될 수 밖에 없는 것이다.
　두번째 대답인 찬란한 미래가 보장되어 있다는 것은, 스스로의 노력에 의해 공해에 적응할 수 있는 체질로 바뀐 사람들, 내지는 선천적(先天的)으로 그런 체질을 타고 난 사람들은 살아남을 수 있을 뿐만 아니라, 오히려 오늘날의 인류보다 더욱 우수한 인종으로서 공해문제와 자원과 에너지의 문제를 해결할 수 있는, 우주로 진출할 수 있는 새로운 문명을 이룩하리라고 생각한다.
 이것은 비록 오늘날의 시점에서 처음 생기는 일은 아니라고 생각한다. 오랜 인류의 역사를 살펴보면, 몇 번이고 그런 과정이 되풀이 되는 가운데 인류는 진화의 길을 더듬어 온 것이기 때문이다.
 지금은 멸종한 지 오래인 네안달인이나 북경원인(北京原人), 쟈바의 원인들도 한때는 그들이 다수의 종족을 이루고 있었고, 그들 뒤를 이은 크로마논인들이 오히려 소수였던게 아닌가 한다.
 또한, 크로마논인이 다수였을 때, 현존하는 인류는 역시 소수에 속하는 존재였으리라고 생각된다. 크로마논인들이 멸망한 것은 역시 무슨 이유에서든 그들이 환경에 적응못한 탓일 것이오, 그 환경에 적응한 오늘날의 인류는 살아남아서 절대 다수를 차지하게 된 것이라고 할 수 있다.
 오늘날 인류학자들은 고대인(古代人)이 남긴 화석(化石)만으로 연구를 하고 있는데, 필자의 이론에 의하면 인간이란 육체와 정신체를 아울러 지닌 살아있는 존재가 인간이지, 육체의 유물인 화서만을 가지고 인긴을 연구한다는 것 자체가 그릇된 것이라고 보기때문에 사실상 오늘날의 인류학이란 연구해 볼 가치가 없는 학문이라고 생각된다.
 어쨌든 과거 몇 만년 내지는 몇 십만년 전에 있었던 일들이 다시 일어나려고 하고 있는 것은 분명하다고 할 수 있다.
 오늘날의 인류사회에서는 아주 적은 수효에 속하는 초인(超人)들이 앞으로는 다수를 차지하게 되고, 지금은 다수인 보통 인간들은 역사의 배경 뒤로, 과거의 네안달인이나 크로마논인들처럼 사라져 가야 할 숙명을 지니고 있다는 이야기이다.

그런 견해에서 볼 때, 오늘날의 인류에게 이미 미래는 박탈되어 있다고 보는 것이 옳을줄 안다.

살아남을 수 있는 미래 인간들의 선조가 되느냐 안되느냐는 지금 여러분들이 선택하기에 달린 것이라고 생각한다. 필자가 하고 있는 일이 하늘의 뜻에 맞는 것이라면 오래지 않아서 필자의 뜻을 따르는 많은 동조자(同調者)들이 나타나게 되어 체질개선의 이론은 전세계적인 규모로 보급될 것이고, 만일 필자가 하고 있는 일이 하늘의 뜻에 맞지 않는 일이면 결국 크게 성공하지 못하리라고 생각된다. 인류가 영광된 미래를 향하여 뻗어갈 수 있느냐, 또는 조용하고 쓸쓸한 멸망의 길로 들어서느냐의 최종적인 결정은 결국 하늘의 뜻에 달려 있는 것이라고 할 수 있다.

왜냐하면, 각 개인을 움직이는 것은 보호령들의 힘이고, 보호령은 하늘과 직결되어 있는 존재이기 때문이다.

오직 지금의 시점에서 필자가 할 수 있는 것은, 필자가 지금 하고 있는 일이 하늘이 준 사명이라고 믿어지는 한, 최선을 다해서 체질개선 운동을 펼치는 일 밖에 없다고 생각한다.

'인사(人事)를 다하여 천명(天命)을 기다린다'는 것이 필자의 생활 신조임을 거듭 강조하는 바이다.

4. 진동수의 원리

　몸 안에 나날이 축적되는 각종 공해물질과 유독가스를 가장 효과적으로 몸 밖으로 내어보내기 위해 진동수의 복용이 필요하다고 필자는 이야기 한 바 있다.
　그럼 필자가 처음으로 개발한 진동수란 도대체 어떤 것이며, 그 원리(原理)는 무엇인가에 대하여 좀 더 자세히 설명하고저 한다. 모든 물질의 성질이 다른 것은 그 물질을 구성하는 원자의 진동 싸이클이 다른 데서 비롯된 것이라는 주장이 있다.
　또한 이는 물질에만 해당되는 것이 아니고, 음파(音波)의 경우를 보아도 그 진동 싸이클이 보다 조밀해지면 초음파(超音波)가 되고, 더 조밀해지면 전파가 되며, 그것이 더욱 조밀해지면 이번에는 광파(光波)가 된다는 사실은 이 방면의 전문가라면 누구나 알고 있는 상식에 속하는 이야기이다.
　이 원리를 활용한 것이 바로 라디오와 TV 방송이다.
　라디오 방송국이 음파를 전파로 바꾸어 방송한 다음에, 라디오는 그 전파를 잡아서 음파로 바꾸어 듣는 것이고, TV는 이 라디오의 원리에다가 광파(光波)로 이루어진 화면을 다시 전파로 환원시켜서 방송한 후, 다시 빛의 입자로 바꾸는 원리이다.

대부분의 사람들은 매일같이 라디오를 듣고 TV화면을 보고 있으면서도 그것이 어떤 원리에서 이루어지고 있는지를 모르고 있는 것이 사실이지만, 알고 보면 진동(振動)의 원리가 우리의 현실생활에서 문명의 이기(利器)가 되어 있는 가장 좋은 예라고 할 수 있다.

물이란 본래 자연의 상태에서도 어느 정도는 이온화 되어 있는 것이고, 강물보다는 바닷물이 더 이온화 되어 있는 게 아닌가 한다.

이온화 된 물, 다시 말해서 정전기(靜電氣)를 띄운 물은 생명력(生命力)을 지니고 있지만 펄펄 끓인 물에는 생명력이 포함되어 있지 않다.

끓인 물에는 또한 자연수(自然水)에 포함되어 있는 여러 가지 미네랄(광물질)도 증발되어 없으므로, 한마디로 말해서 끓인 물은 생명력이 담기지 않은 죽은 물이라고 할 수가 있다.

자연수와 끓인 물이 어떤 차이를 갖고 있는가는 끓인 물을 식힌 뒤에 금붕어를 넣어보면 알 수가 있다. 자연수에서는 금붕어는 살 수 있지만 끓였다 식힌 물에서는 금붕어는 곧 죽고 만다.

우리가 매일 끓인 물만 마신다는 것은 죽은 물을 마신다는 뜻이며, 자연수를 마시는 것과는 정반대로 건강을 해치는 중요한 원인임을 알아야 한다.

언제부터인지 현대인들은 끓인 물이 건강에 좋다는 그릇된 상식의 노예가 되어 자기도 모르는 사이에 스스로의 건강을 해치는 생활을 하고 있다.

필자만 해도 그 예외는 아니다.

40세 이전에 필자는 자연수란 거의 마셔본 일이 없었는데 그때는 아주 병약했었고, 진동수를 장복하고 있는 요즘은 건강하기 이를데 없다.

우리의 몸은 약 1천억 개의 세포로 이루어져 있으며 그 세포 하나 하나에는 핵산(核酸)이 들어 있는데, 알고 보면 인간의 육체란 하나의 거대한 생화학적(生化學的)인 베터리라고 할 수가 있다.

정확하게 옴진동을 일으키면 1천억 개의 세포에서 무서운 힘의 전자기파(電磁氣波) 파동이 일어난다. 이때 '옴' 진동을 하면서 왼손 바닥과 오른 손바닥을 교대로 물에 향하게하면 어떤 파장이 나옴을 알 수가 있다.[다만, 이것은 뇌의 송과체에 사리가 형성되어 우주력(宇宙力)을 집결시킬 수 있는 구조로 뇌세포가 바뀐 사람만이 가능하다. 누구나 한다고 해서 되는 것은 아니다.]

필자는 왼손으로 세번, 오른손으로 네번, 입으로는 다섯번, 합해서 열 두번 '옴'진동을 일으키는데 이렇게 하면 그때까지의 수도물은 극도로 이온화 되고 자기화(磁氣化) 된 물로 변한다.

'옴' 진동이 이온화 한 물을 만들 수 있음은 수많은 실험에서 이미 확증을 얻은바 있다[필자를 도와서 진동수의 실험을 해준 분에는 저명한 농학박사도 계시다].

또한 녹음 테이프에다가 옴진동을 수록한 후, 녹음의 재생(再生)을 통해 스피커에서 나오는 옴진동이 역시 물을 강력하게 이온화 시킨다는 것도 이미 확인된 사실이다.

얼마 전까지만 해도 필자의 집에는 하루에도 전화가 수십통씩 걸려 왔다. 하나같이 '진동 보내주세요' 하는 전화다.

처음에는 필자가 직접 보냈으나 요즘은 카셋트 녹음기에

녹음한 것을 보내주고 있는데, 이렇게 전화로 보내진 옴진동이 물을 이온화 시켰고, 그 물만을 마셔서 각종 위장병 환자와 심지어는 암 환자나 고혈압 환자도 쾌유된 예가 이루 헤아리기 어려울 정도이다.

녹음 테이프를 이용한 옴진동이 물을 이온화 시킬 수 있다는 것은 실로 세계적인 발견이라고 필자는 자부한다.

이 물을 장복하면 몸 안에 축적된 각종 공해물질과 유독가스[그것들은 양전기(陽電氣)를 띄운 플러스 이온분자임]가 진동수와 결합작용을 일으켜 신속하게 몸 밖으로 나가게 된다.

진동수에는 가장 강력한 이뇨제(利尿劑) 기능이 있다는 사실도 누차 확인한바 있다.

신장결석 때문에 고통받던 사람, 방광결석 때문에 신음하던 환자들도 진동수의 한달 복용으로 완쾌된 예가 많기 때문이다. 우리의 육체는 80퍼센트 이상이 수분으로 되어 있고, 이 수분의 오염에 의해 각종 질병이 발생하는 것이라고 할 때, 이 몸안의 불순한 유독가스를 가장 효과적으로 제거해주는 것이 바로 진동수인 것이다.

수많은 임상실험에서 진동수가 얼마나 위대한 힘을 지녔는가를 필자는 이미 충분히 확인한바 있거니와, 녹음 테이프에 수록한 옴진동이 사람이 직접 하는 것 이상으로 강력한 진동수를 만들수 있다는 사실은 정말 대단한 것이 아닐 수 없다고 생각한다.

녹음 테이프를 이용한 대량 보급이 가능해지기 때문이다.

특히 완고한 고혈압 환자는 진동수 복용만으로도 완쾌된 예가 얼마든지 있음을 알려드리는 바이다.

5. 한국인과 일본인

 필자는 심령과학 시리즈《악령을 쫓는 비법》에서 우리 한국인이 인류의 원판인간(原版人間)이라는 아주 새로운 심령과학적인 학설(學說)을 발표한바 있다.
 이 글은 비록 짧은 것이었지만, 조국을 사랑하고 아끼는 많은 사람들에게는 큰 공감을 불러일으킨 바가 있었다.
 필자에게, 혹은 편지로 또는 직접 찾아와서 이야기를 해준 분들 가운데는 남의 나라를 한번도 침략해 보지 못한 국민성을 여지껏 부끄럽게만 알아왔는데, 필자의 글을 읽고 비로소 자랑스러움을 느끼게 되었노라고 가슴을 펴고 이야기한 분도 있었다.
 지난 1975년 12월 18일, 필자는 일본인인 나까무라(中村) 씨의 초대를 받아 일본을 방문한 바 있다.
 나까무라씨의 둘째 아들이 지난 12년 동안, 아주 고질적인 전신 습진때문에 괴로워하던 것을 제령(除靈)과 체질개선의 시술을 통해 완쾌된 것이 인연이 되어 필자를 일본에 초대하게 되었던 것이다.
 나까무라씨는 커다란 인쇄소와 출판사를 경영하고 있는 분이었는데, 필자가 쓴 심령과학 관계 서적의 일본어판을 출판하겠다는 뜻도 있었고, 또한 체질개선이 필요한 중병 환자들이 주위에 여러 사람 있어서 초대한 것이었다.

  나까무라씨 가족들이 세번씩이나 필자의 연구원을 찾아온 바 있기에 한번쯤은 필자가 방문하는 것도 예의가 아니겠느냐 하는 생각도 있어서 나까무라씨의 초청을 쾌히 받아 들였던 것이었다.

  그런데 일본 하네다 공항에 내린 순간, 필자가 느낀 인상은 참으로 이상했다. 분명히 이느 때인가 필자가 일본에서 산 일이 있다는 강렬한 인상이었다. 아니 어쩌면 그것도 여러 세대에 걸쳐서 일본 사람으로 생활했던 게 아니냐는 느낌마저 있었다.

  어쩌면 백제에서 건너와 천자문(千字文)을 일본인에게 전한 왕인박사(王仁博士)가 필자의 전생(前生)가운데 하나가 아니냐 하는 부인할 수 없는 강한 실감이었다.

  천자문을 통해 일본에 새로운 문화을 형성시키는 계기가 되었던 왕인박사가 다시 재생해서 이번에는 체질개선의 원리를 전하러 온 것이 아니냐는 느낌이기도 했다.

  도착한 후, 3일이 지나는 동안 필자는 실로 놀라운 사실을 발견했다. 그것은 일본의 땅이 한국과는 전혀 다르다는 사실이었다. 땅이 살아있어서 강력한 에너지를 내어뿜고 있는 것이었다.

  다다미를 깐 이층 침대 위에서 잤는 데도 뜨거운 온돌방 아랫목에서 잠잘 때처럼 등이 화끈거렸다. 온 몸이 뼈 속까지 후끈후끈 닳아 오르는듯 하고, 도무지 음식이 먹히지 않고 배가 고프지도 않았다.

  잠을 4, 5시간 밖에 자지 않고 힘든 중노동을 하는 데도 전혀 피곤하지가 않았다.

  필자는 깨달았다. 분명히 일본의 땅은 살아 있었다. 땅이

에너지를 강렬하게 내이 뿜고 있는 것이 분명했다.
  일본 사람들이 음식을 적게 드는 것도 그 이유가 여기에 있구나 싶었다. 그 대신에 일본은 하늘이 항상 흐려있기에 하늘에서 오는 에너지가 부족한 나라인게 분명했다.
  하늘의 에너지를 많이 받은 바다 물고기를 즐겨 먹는 일본인의 식성(食性)도 이해가 가는 일이었다.
  일본에 비해 한국의 땅은 순수하게 땅의 에너지를 내어품지 않는다고 생각되었다.
  그러기에 한국인들은 농축된 땅의 에너지를 많이 지니고 있는 야채 종류를 많이 먹어야 하는 국민이 된게 아닌가 했다. 그대신 한국은 하늘이 열려 있는 나라인게 분명했다.
  한국인은 하늘나라 백성이오, 일본인은 땅나라 백성이라는 생각이 들었다.
  거창한 생각을 잘 하고, 새로운 것을 생각해낸 고대(古代)의 한국인들[이순신장군의 거북선 발명, 활자문화의 역사적 발견, 하나님이라는 말이 뜻하는 한국인의 우주관 등]——. 한편 모두가 유아독존(唯我獨尊)적이고, 비규격화 된 한국인에 비해 일본인들은 세계문화에 크게 공헌힐 새로운 발견이나 발명은 적은 대신, 규격화된 사람들이 많음으로서 국민이 잘 단결된다는 좋은 특성(特性)과 굉장히 부지런한 성품을 지니고 있는 것도 사실이다.
  한국은 영계(靈界)에 속하는 원판인간(原版人間)들의 집합체요, 일본인들은 현상세계(現象世界)의 주인공인 땅나라 백성이라고 생각되었다.
  서울에서 지난 20여년에 걸친 체질개선 시술을 통해 필자는 기적(奇蹟)같은 경험도 있었지만, 크게 유명인이 되었다고 생각하지 않는다. 그리고 한국인들은 무슨 일이나 놀라지 않는 습성이 있어 예사로 보아 넘기기가 일수라는 것을 뼈저리게 체험한바 있다.

어떤 재력있는 독지가가 나서서 사단법인체라도 만들기 전에는 필자가 발견한 원리가 아무리 좋은 것이라고 해도 세계적으로 보급된다는 것은 거의 불가능에 가까운 일이 아닌가 생각된다.

모처럼 인간을 진화(進化)시킬 수 있는 하늘의 복음을 받았지만 유감스럽게도 우리나라에서는 크게 보급 발전될 가능성은 희박한 것이 아닌가 하고 생각한다.

그런 점에서, 한국은 어디까지나 벼씨를 심는 못자리 판에 불과하고, 모를 옮겨 심어야 할 논은 일본을 비롯한 선진국이 아닌가 생각한다.

불과 12일 동안의 짧은(짧) 일정 동안 체류하면서 간단한 체질 개선의 시술들을 해주었지만 필자가 상대한 일본인들의 반응은 실로 대단했다.

거의 필자를 살아있는 신령님처럼 취급해 주었고, 또 기적과 같은 일들이 매일 일어난 것도 사실이었다.

그들의 국민성은, 자기네에게 좋은 것이라면 무조건 받아들이는 특성을 지니고 있음을 필자는 새삼 깨닫지 않을 수 없었다. 예언자는 고향에서 받아들여지지 않는다는 옛말이 머리에 떠오르기도 했다.

우리나라에서는 필자를 머리가 좀 이상한 사람으로 아는 분들이 많다는 것을 필자는 일상생활의 경험을 통해 느끼고 있지만, 바로 이런 점이 생각하기에 따라서는 독창적인 것을 연구해 낼 수 있는 국민성과 통하는 점이 아닌가도 생각된다.

필자는 생각한다.

한국은 하늘 나라에 속하는 백성이오, 일본은 땅에 속하는 백성일 것이므로, 하늘의 슬기와 땅의 부지런함이 서로 굳게 협동할때 세계의 기적은 실현이 되리라고 생각한다.

과거 일본은 이웃나라들을 많이 괴롭혔으나, 우주의 인과률(因果律)에서 볼때 그 보복을 받지 않았고, 오히려 축복을 받아 오늘날의 번영을 이룩했다.

이것은 하늘이 큰 뜻에 따라 세계를 구하는 새로운 진동문명(振動文明)의 기수(旗手)가 되게 함이 아닌가 한다.

이것은 한국의 경우도 그 예외는 될 수 없다고 생각한다. 우리나라는 해방 이후, 세계 우방들의 큰 도움을 입고, 오늘날의 발전을 이룩한 나라이다. 그러므로 우리는 세계를 도와야 할 일종의 큰 의무를 지닌 백성이라고 생각한다.

국토(國土)와 국민성과의 관계를 깊이 인식하면서 진정한 의미에서 착한 이웃으로 협동할 때, 세계의 미래는 밝은 것이 될 수 있다고 필자는 확신한다.

더구나 일본은 지난 백년동안 세계의 과학력이 모두 집결된 나라이고, 경제적인 대국이다. 그들이 세계를 위해 크게 공헌하는 국민이 된다면 아마도 일본열도는 바다 속에 침몰하지 않을 것이오, 또한 설사 그런 불행한 일이 일어나더라도 세계 여러 우방들이 그들 국민들을 다투어 받아들이라고 생각한다.

심령과학 시리즈《기적과 예언》에 실린 '하늘이 내리신 말씀'에서 먼저 한국에 하나님의 축복이 내리리라고 했거니와 한국은 앞으로 석유(石油)뿐만 아니라 우라늄과 그 밖의 풍부한 지하자원을 가진 나라로서 새로운 각광을 받게 될 것이 분명하지만, 우리는 하늘이 내린 축복 앞에 더욱 겸손한 자세를 가져야 될것으로 생각한다.

한국에서 석유가 콸콸 쏟아지는 날, 중동에서는 이제까지 분명히 풍부하게 매장되어 있다고 생각된 원유가 갑자기 그 행방을 감출지도 모른다.
　영계(靈界)와 신령계(神靈界)는 분명히 존재한다.
　하늘이 내린 축복을 무기로 삼아 착한 이웃들을 괴롭힌다면 자칫 하늘의 저주를 받을 원인이 될수도 있음을 우리는 분명히 알고 살아야 한다.
　우리는 겸손하고 부지런하며, 성실한 국민이 되어 세계를 앞으로 전개될 찬란한 영문명(靈文明)의 세계로 인도하는 새로운 횃불의 기수가 되어야 한다.
　한국과 일본, 그리고 온 세계에 밝은 희망과 하늘의 축복이 함께 하시길 바란다.

제1장
식물인간(植物人間)들

1. 생각한 대로 된다

　필자의 중학교 동창생 가운데 김경환(가명)이라는 친구가 있다. 어린 중학생 시절에도 몹시 의젓하여 '영감'이라는 별명이 붙어 있었던 친구였다.
　생각하는 것과 행동이 의젓해 그야말로 요즘 흔한 말로 '법없이도 살수 있는 사람'이라는 평이 붙어 있는, 악한 곳은 눈을 씻고 보아도 찾아볼 수 없는 그런 성품의 친구였었다.
　그런데, 이 친구가 남다른 고민을 갖고 있음을 얼마 전에 알게 되었다.
　그의 막내딸이 어렸을 때, 경기(驚起)를 일으켜 앓았는데, 근처 병원에 가서 잘못 주사를 맞은 것이 원인이 되어 심한 뇌성마비에 걸렸다는 것이었다.
　필자가 체질개선 연구원을 열고 있다는 이야기를 어디서 듣고 이들 부부가 문제의 딸을 데리고 찾아온 일이 있었다.
　"저희들 부부는 여지껏 살아오는 가운데 남의 가슴을 아프게 해 본 일은 없는데, 전생(前生)에 무슨 죄를 졌기에 이런 딸을 갖게 된 것일까요"
　부인은 눈물을 글썽이면서 하소연하듯 이야기했다.
　이제 아홉살인 데도 비만증때문에 몸집만 큰 소녀를 앞에 놓고 필자는 영사(靈査)를 해보았다.

그러자 다음과 같은 사실들을 알게 되었다.

어느 깊은 산 속에 작은 절이 있었다. 나이 많은 주지스님 밑에 어린 사미승이 함께 사는 절이라고 하기 보다는 암자에 가까운 그런 초라한 절이었다.

어렸을 때, 어머니가 주지스님에게 떠맡기어 주지스님 손에서 큰 사미승은 언제나 속세(俗世)가 그리웠다.

시름없이 생각에 잠겨 있는 사미승을 볼 때마다 주지스님은 언제나 조용히 타이르시곤 했다.

"속세가 얼마나 번거로운 곳인줄 아느냐? 속세에 살면 죄를 짓지 않고 살기가 어렵단다. 너를 나에게 맡긴 너의 어머니가 너를 위해서 그러신 것을 알아야지."

"스님! 알고 있습니다. 하지만 사람이 그리운걸 어쩝니까?"

"너 아무래도 성불(成佛)하기는 어렵겠다. 다음 번 세상에 인간으로 다시 태어나서 인간고(人間苦)를 호되게 겪어야 될까보다."

이런 주지스님의 말씀도 어린 사미승에게는 별로 의미가 없었다.

저녁 밥짓는 연기가 모락모락 올라오는 산 아래 마을을 지켜보는 사미승의 두 눈에는 사슴과 같이 먼 곳을 그리워하는 표정이 아련히 서려 있었다.

가끔 마을에 사는 신도의 집에 주지스님의 심부름을 가는 것이 사미승에게는 큰 즐거움이었다. 사미승이 잘 찾아가는 마을 신도 집에는 커다란 돼지우리가 있었다.

사미승은 그 돼지우리 가운데서 유난히 희고 큰 돼지가 다시없이 마음에 들었다. 돼지우리 앞을 지날 때마다 사미승은 길가에 무성한 풀포기를 뽑아서 던져 주곤 했다.
 하도 여러 번 먹이를 주다보니까 사미승이 가까이 오는 기척만 나면 크고 흰 돼지는 꿀꿀거리며 몸을 우리 위로 일으키곤 했다.
 "스님 말씀에 인간으로서 죄를 지으면 돼지가 되는 수가 있다고 하는데, 그래 너는 무슨 죄를 졌길래 돼지가 되었느냐."
 흰 돼지는 꿀꿀거리며 먹이를 받아먹다가 이 이야기를 듣고는 갑자기 풀이 죽은듯 두 귀를 쫑긋거리며 우리 한 구석에 가서 엎드렸다.
 이상한 일이었다
 "과연 너도 앞서 세상에서는 인간이었던 모양이구나."
 돼지는 앞발로 우리 바닥을 파는 시늉을 했다.
 그것은 마치 어서 죽고 싶다는 표시인 것 같기만 했다.
 "오냐, 내가 불도(佛道)를 열심이 닦아서 힘이 생기면 너를 다시 인간으로 태어나게 해주마. 그렇게 시무룩해 하지 말고 이 풀이나 먹어라."
 돼지는 일어서더니 사미승에게로 닥아왔다. 사미승을 쳐다보는 돼지의 두 눈에는 그렇게 생각해서 그런지 한가닥 눈물이 서려 있는 것 같기도 했다.

 "그때의 돼지는 전생이 송나라 시대 중국인 부호로서 평생에 몹시 여색(女色)을 탐하여 남의 유부녀도 자기 마음에만 들면 어떤 수단을 써서든 자기 욕망의 대상으로 삼곤 했던 인간이었습니다. 그뒤 그는 죽어서 전생에 많은 죄를 지은것 때문에 돼지가 되었습니다. 사람이 짐승으로 환생(還生)을 하면 전생의 기억을 갖는 법입니다. 그는 돼지가 된 뒤, 뉘우

쳤지만 아무 소용이 없었습니다. 다음 번에는 틀림없이 사람이 되겠지 하고 기대했지만 다시 태어나면 역시 돼지였습니다. 그 돼지가 바로 사미승이 만난 돼지였습니다. 적어도 6백번은 더 돼지로 태어나야 하는데 사미승의 소망때문에 인간이 된 것입니다."

"그 사미승이 바로 저란 말씀입니까."

"그렇습니다. 6백번 더 돼지가 되어야 할 죄인이 아주머니의 말 때문에 그대로 즉시 인간으로 환생했기에 오늘날의 따님이 된 것입니다. 따님은 인간으로서는 저능아지만 돼지로서는 정상인 것이지요."

"저의 주인은 그럼 누구인가요?"

"그때의 주지스님인게 분명합니다. 두분은 따님때문에 많은 마음의 고통을 겪은 뒤, 크게 깨닫게 되었습니다. 두분에게 커다란 인간고(人間苦)를 안겨줌으로써 전생(前生)에서 이룩하지 못한 성불(成佛)의 경지에 도달하는 날, 따님은 정상인이 되거나 아니면 지금의 인간고에서 해방이 될것입니다."

"죽는단 말씀인가요"

"아마 그렇게 되기가 쉬울게고, 고통을 통해서 두분을 보다 높은 경지로 가게 해준 공덕으로 그가 전생에 지은 죄는 모두 소멸되어서 다시는 돼지로 재생하는 일도 없을 것이고, 아무튼 어떤 형태로든 지금의 고통에서 해방될 것입니다."

부인은 알았다는 듯이 고개를 끄덕였다.

그 뒤, 이 소녀는 필자의 시술을 받아 비만증이 어느 정도 해방이 된듯 싶었다. 진동수도 한동안 가져가더니 요즘에는 아무런 연락이 없다.

우리가 생각한다는 것이 얼마나 무서운 결과를 가져오는

가 하는 좋은 보기가 아닌가 한다. 착하기만한 김경환씨 내외가 어서 그 큰 인간고에서 해방되기를 바라는 마음 간절하다.

2. 태교(胎敎)의 뜻

뇌성마비의 아들을 가진 또 하나의 부부 이야기를 적어볼까 한다.

어느 부부가 있었다.

그들에게는 귀여운 아들이 있었고, 부인은 독실한 가톨릭 신자였다. 그런데 부인이 또 다시 임신을 했다. 부인은 기도했다.

"천주님이시여, 저에게 다시 아들을 갖게 해주시면 신부로서 천주님 앞에 바치겠습니다. 요한 성인과 같은 아들을 점지해 주시옵소서"

부인은 자기의 이런 소망을 남편에게 이야기했다. 남편은 지극히 현실적인 상식인이었기에 부인의 높은 뜻을 전혀 이해하지 못했고, 또 이해하려고도 하지 않았다.

그는 버럭 화를 내었다.

"아니 세상에 남자로서 무엇이 할 일이 없어서 신부될 아들을 바란다는 거요. 당신 다시는 내 앞에서 그런 소리를 하지 마오. 나하고 안살려면 몰라도 그런 재수없는 소리는 아예 입 밖에도 꺼내지 마오."

남편의 동의(同意)를 얻을줄 알았던 부인은 이 말에 큰 충격을 받았다.

눈 앞이 아찔했다. 그날 따라 입덧이 심해 부인은 그 뒤부터 며칠 동안 몸저 누워서 앓았다. 유산(流産)을 하는게 아닌가 생각될 정도로 부인이 이때 받은 정신적인 충격은 컸다. 그러나 아무 일 없이 그뒤 여러 달만에 부인은 아들을 낳았다. 바라던대로 아들이었다. 그러나 영원히 자라지 않은 아이였다.

병원에서는 선천적(先天的)인 뇌성마비라고 했다. 이들 부부의 고행(苦行)은 이때부터 시작이 되었다. 좋다는 방법은 다 써보았다. 침이 좋다면 침을 맞혀보고, 지압이 좋다면 몇 달이고 지압원엘 다니곤 했다.

그러나 차도는 별로 없었다.

부인은 '요한 성인'과 같은 아들을 원했기에 아이의 이름을 요한이라고 지었다. 이제와서는 남편도 전날 임신중 큰 충격을 주는 말을 한 것을 뼈저리게 뉘우치고 있었다.

"이 아이가 보통 사람만 될 수 있다면 신부님이 되게 하든 뭣이든 당신 소원대로 하구려."

두 부부는 말못하는 요한 소년을 앞에 놓고 손을 마주 잡고 울었다.

이 부인은 필자가 저술한 《악령을 쫓는 비법》을 읽고 찾아왔다. 필자는 남편의 사진을 갖고 와보라고 했다. 사진을 앞에 놓고 영사(靈査)를 해보았다.

"바깥 양반은 전생에서 마르크스·시베리우스라는 이름의 로마 군인으로서 네로황제 때, 기독교도들의 학살과 큰 관련이 있었던 분 같습니다."

"네, 그래요."

필자는 부인에게 충격을 주는 것이 안되었다고 생각하면

서도 이야기를 계속하지 않을 수 없었다.
 "바깥 어른께서 두번째로 아들을 낳으면 신부가 되게 했으면 좋겠다는 부인의 이야기에 크게 반발한 것도 알고 보면 심층심리(深層心理) 속에 숨어 있던 전생의 기억때문인지도 모릅니다."
 "그럴 수도 있나요."
 "가능한 이야기입니다. 그리고 이 아이는 부인의 소망 그대로 '요한' 성인과 같은 분의 재생인지도 모릅니다. 남편이 화를 내는 순간, 부인은 정신적으로 큰 충격을 받았고 그 때, 태아의 미숙한 뇌에 손상이 왔거나, 또한 악령이 빙의된 것이 아닌가 생각됩니다."
 필자는 부인을 아들 대신에 재령해 주었는데, 이 아이는 그뒤 약간의 차도가 생긴듯 했다.
 "저희에게는 희망이 없을까요?"
 "아닙니다. 살아 있는 한은 희망을 버려서는 안됩니다. 전생에서 로마 군인이었던 남편이 아름다운 처녀 오페리아였던 부인의 지극한 사랑 덕분에 말년에는 기독교도가 되었던 것처럼 두 분에게는 아직 미래가 있습니다."
 "그럼 저도 전생에는 로마의 여자였던가요."
 "그렇습니다. 오페리아라는 이름의 예쁜 처녀였던 것이 분명합니다."
 "마치 쿠오봐디스에 나오는 이야기 같군요."
 "그렇지요. 하여튼 열심히 진동수를 마시게 하고 아드님의 사진을 저에게 맡겨 놓으십시오. 아직은 저도 힘이 부족하지만 언젠가는 아드님과 같은 뇌성마비도 고칠 수 있는 날이 찾아올 것입니다. 우리 모두 그날을 위해서 노력하십시다."
 지금 필자의 서재 책상 위에는 손까락을 입에 물고 있는 요한 소년의 사진이 놓여 있다. 필자는 조석(朝夕)으로 요한 소년의 사진을 보면서 그가 하루 속히 보통 사람이 되기를 기구하고 있다. 요한 소년이 어떻게 지내는지 요즘은 그 어머니에게서 아무런 소식이 없는 게 안타까울 따름이다.

3. 해방된 식물인간

하루는 어느 고등학교 학생이 필자를 찾아왔다. 열 일곱살 된 남동생이 뇌성마비로 고통을 받고 있다는 이야기였다. 경제적으로도 유복한 집안인데, 이 동생때문에 집안은 언제나 침울한 분위기에 싸여 있다는 이야기였다.

"뇌성마비는 그 원인이 어디에 있든 몸 안에 유독가스가 많이 저장되어 신경마비를 일으킨 것이니까 진동수를 약 100일동안 마시게 해봐요."

하고 이 날은 그냥 돌려 보냈다. 그뒤 학생은 녹음 테이프를 갖고 와서 '옴'진동을 녹음해 갔다.

집에서 진동수를 만들어 마시게 한 후, 어떤 차도가 생기려면 적어도 백일은 걸릴 것이라고 했다.

그런데 한달쯤 뒤에 이 학생이 다시 필자를 찾아 왔다. 동생이 진동수를 계속 마시려고 하지 않는데, 그래도 한달 가량 마셨으니 체질개선의 시술을 이제라도 했으면 좋겠다고 말했다. 이때 학생이 가져 온 동생의 사진을 보고 영사(靈査)를 해보니 다음과 같은 사실을 알 수가 있었다.

학생의 동생은 그 전생(前生)이, 임진왜란 당시의 유명한 스님의 한 사람으로서 나라를 위해 승병(僧兵)으로서 싸워 많은 왜병들을 살상(殺傷)한 분인데, 그 스님 손에 죽은 그 원령때문에 그뒤 다섯 번 재생(再生)할 때마다 일종의 백치나 아니면 신체 불구자로 태어나 많은 고생을 해왔다는 것이었다.

그리고 이번의 5번째 생(生)에서 마지막으로 업장(業障)을 벗게 된다는 것이었다. 그래서 필자는 이 학생의 동생을 연구원으로 데리고 오게 해서 '체질개선'의 시술을 베풀기로 했다. 아니나 다를까, 미리 각오한 바는 있었지만 몸에다 손을 댈 때마다 시체 썩은 지독한 악취때문에 필자는 지독한 고통을 참아야만 했었다. 정말 지겨운 노릇이었다.

"아무래도 안되겠습니다. 오늘은 이것으로 끝내고 어머니가 대리시술을 받으십시오."

"대리라뇨, 그게 무슨 말씀입니까?"

하고 학생의 어머니는 의아한 표정으로 날 쳐다보았다.

"아주머니의 아드님은 비록 생리적인 나이는 열일곱이지만 정신적인 나이는 두어 서너살 밖에 되지 않는 어린이이기에 영적(靈的)으로 그 운명이 어머니와 직결되어 있는 것입니다. 그것은 무슨 말인고 하니, 아드님의 고통이 없어지는 것이 어머니의 고통이 없어지는 것과 같다는 이야기입니다. 어머니의 영파(靈波)를 아드님의 파장과 동조시켜서 시술을 하면 어머니의 체질이 개선되는 동시에 아드님의 업장(業障)도 소멸되어 어떤 변화가 일어날 것이 분명합니다."

보통 사람은 쉽게 납득하기 어려운 필자의 생각을 용하게 아무런 저항없이 받아들인 덕분에, 학생의 어머니는 그뒤 며칠간 대리시술을 받았다.

대리제령(代理除靈)도 포함되어 있었음은 물론이다.

대리제령이란, 아들에게 빙의되어 있는 원령이나 악령(惡靈)들을 어머니의 뇌파 파장에 동조시켜 어머니에게 이동시

제1장 식물인간(植物人間)들 59

킨 뒤 제령하는 방법이다.

다행히 이 방법이 크게 성공해서 어머니가 체질개선 시술과 '제령'을 받는 동안 만 이틀동안 아들은 계속 잠만 잤다고 한다.

그전에는 통 잠을 자지 않던 아이가 42시간 계속해서 잠을 잤고, 어쩌다 식구들이 그 방에 들어가면 시체 썩는 것과 같은 악취때문에 코를 잡고 뛰어나오곤 했다는 것이었다. 42시간에 걸친 긴 잠에서 깨어난 백치 소년은 그뒤 일주일 동안 아무것도 먹지 않고 몹시 앓았다고 한다. 그동안에는 물만 찾아서 진동수만 마시게 했다는 이야기였다.

일주일 동안, 단식 아닌 단식을 하고 난 후, 백치 소년은 형편없이 여위었으나 그뒤 식욕이 나기 시작해서 다시 얼굴에 살이 올랐으므로 그전의 바보스런 표정은 간곳이 없고, 외모만 보아서는 정상인과 다름이 없게 되었는데, 말하는 태도도 날이 갈수록 좋아지는듯 하다고 가족들의 기쁨이 대단했다.

소년의 어머니는 오랜동안 겪어온 정신적인 고통에서 해방되어 밝은 얼굴의 건강한 몸이 되었음은 두말할 나위도 없는 일이었다.

이 백치 소년이 난치병 가운데도 가장 난치라고 할 수 있는 완고한 뇌성마비에서 풀려난 것은, 그 원인이 전생(前生)에서의 살생(殺生)에 있기는 하지만, 그 동기가 나라 사랑함에서 비롯된 것이고, 사사로운 원한으로 살상한 것이 아닌데도 그 원인이 있겠는데, 뇌성마비도 적절한 조치를 취하면 풀릴 수도 있다는 하나의 좋은 본보기가 필자에게 주어진 과제였기 때문이 아니었던가 싶기도 하다.

4. 어느 영능력자의 이야기

　다음은 지난 1975년 12월 일본에 갔을 때, 경험한 중풍환자에 대한 이야기를 해볼까 한다.
　우선 환자의 신원부터 소개하면, 도쿄(東京) 미나또구에 사는 이시이유끼(石井由紀)라는 67세 된 노부인은 중풍에 걸려 꼼짝 못하게 된지 10년 가까운 중환자였다.
　그녀는 일종의 영능력자(靈能力者)인데, 트럼프점(占)의 명수로서 일본의 상류사회에서는 상당히 유명한 명사였다.
　그녀는 2차대전 종전(終戰)이 되기 전에는 평양에서 큰 공장을 경영하면서 아주 유복하게 살았다고 했다.
　그런데, 어느 날 길가던 노파가 그녀의 집 앞에서 졸도를 하였는데 이시이 여사가 그 노파를 아주 정성껏 돌보아 주었고, 그 때문에 그 노파는 하마트면 죽을 뻔한 고비를 무사히 넘겼다는 것이었다.
　그런데, 이 노파가 병상에서 회복되자, 이시이 여사에게 말하기를,
　"아주머니는 지금 남부러울 것 없이 잘 살고 계시지만 오래지 않아 수중에 돈 한푼 없는 신세가 되기 쉽습니다. 그것은 아주머니가 사업에 실패해서 그렇게 되는 것이 아니고 국운(國運)과 관계가 있어서 그렇게 되는 것입니다. 그러니까

제1장 식물인간(植物人間)들 61

지금 제가 가르쳐 드리는 트럼프 점(占)치는 법을 잘 익혀두
시면 그때가서 어려운 고비를 무난히 넘길 수 있을 뿐만 아
니라 아마 어쩌면 그것이 생활의 수단이 되기가 쉬울게고 또
한 그로 말미아마 이름도 떨치게 될 것입니다."
 이시이 여사는 노파에게서 트럼프 점치는 법을 배웠는데
아니나 다를까 그뒤 얼마후 종전이 되었고, 그녀는 거의 빈
손으로 쫓겨가게 되었다는 것이었다.
 일본으로 돌아온 이시이 여사는 별로 하는 일도 없어 소일
삼아 주위 사람들의 운명을 트럼프로 점을 처보았는데, 그야
말로 쪽집게로 집어내는 것과 같이 정확하게 맞더라는 것이
었다.
 소문이란 빠른 것이어서 얼마 후에 주위를 점검해 보니,
이시이 여사는 운명 판단을 알고저 찾아 오는 사람들에게 둘
러싸여 정신없이 바쁜 나날을 보내게 되었다는 이야기였다.
 필자를 일본으로 초대한 나까무라(中村) 부부하고도 기이
한 인연이 있었다. 나까무라씨가 간장염과 신장염의 병발로
심한 요독증을 일으켜 생사지경을 헤매게 된 일이 있었는데,
이 때 평소에 단골손님이었던 나까무라씨의 부인이 이시이
여사에게 남편의 병환에 대해 트럼프점을 쳐달라고 부탁을
했더니,
 '병원에 입원시키면 종합검사 받는 동안에 죽는다.'는 판
단이 나왔다는 것이었다.
 나까무라씨의 부인은 남편의 체력(體力)이 종합검사를 받
는 동안 지탱하기 어렵다는 것을 알고 있으므로, 이시이 여
사에게 매달리며, 다른 민간요법으로 남편의 목숨을 건지는
방법이 없겠느냐고 했더니 수장요법(手掌療法)에 능한 어떤
분을 소개해 주었고, 그 분 덕분에 나까무라씨는 거의 기적

적인 회복이 가능했다는 것이었다.

그래서 나까무라씨 부처(夫妻)는 이시이 여사를 큰 은인으로 알고 있었고, 그녀의 생활비도 대어주는 모양이었다.

그녀의 트럼프점은 거의 신기(神技)에 가까울 정도의 것임을 필자도 지난번 도일때 직접 경험한바 있지만, 하여튼 반신불수가 된지 9년째 되는 이시이 여사를 이번에는 한국의 남자인 필자가 찾아가서 시술을 해주었다는 것은 생각하면 기이한 인연이 아닐 수 없다.

이시이 여사는 처음에 북한 출신의 여성에게서 생활방도가 된 트럼프점을 배워 많은 사람들에게 도움을 주었는데, 이번에는 남한 출신인 필자의 시술을 받고서 오랜 병고(病苦)에서 해방이 되었으니 그녀가 한국과 깊은 인연이 있는 것만은 분명하다고 생각한다.

이 이시이 여사를 앞에 놓고 그녀의 전생(前生)에 대해서 영사를 했더니 아주 재미있는 사실이 드러났다.

그녀는 전생이 남자였고, 그것도 일본의 전국시대(戰國時代)에 생존했던 다쓰미 야마시로노가미(巽山城守)라는 이름을 가진 야마부시였음이 밝혀졌다. [야마부시(山伏)란 산에서 살면서 수행(修行)하는 중을 뜻한다.]

그런데 이 야마부시가 과히 좋은 사람이 못되었다.

평소에는 산에서 약초나 캐고, 한약재로 쓰이는 왕지네나 채취를 하지만, 생활이 곤궁하게 되면 행인의 주머니도 털고 사람도 예사로 죽이는 이를테면 아주 못된 돌중이었던게 분명했다.

이 돌중인 야마시로노가미가 어느 호족(豪族)의 상속 싸움에 말려들어 정실부인(正室夫人)의 소생인 장남을 배로

납치하던 도중 결박한 것을 풀고 도망하려는 순간, 낫을 던져 목을 쳐죽인 일이 있음이 드러났다. 그런데, 이 때의 희생자가 평소에 신앙의 대상으로 삼았던 가스가산(春日山)의 이나리 다이묘진(禾齒荷大明神)에게 기도를 드리면서 죽었다는 사실이 밝혀졌다.
"저는 죽습니다만 이 못된 돌중놈에게 저주가 내리게 하여 주소서. 제발 부탁입니다. 저의 복수를 제발 부탁드립니다."
 숨을 거두는 순간, 이 간절한 소망을 들어준 것은 바로 이나리 다이묘진의 사자(使者)인 영계(靈界)에 사는 여우였다.
 그뒤부터, 이 돌중은 전에 없던 여러 가지 병고(病苦)에 몹시 시달리는 몸이 되었다.
 한편, 이 돌중의 근거지였던 산에는 작은 암자가 있었고 그 암자에는 한 노승이 살고 있었다.
 돌중은 평소에 이 노승을 잘 돌보아 주었는데, 결국 이 암자에서 임종하면서 자기가 저지른 죄업에 대해 회개를 했고, 자기가 죽은 뒤에도 자기 대신 그때 죽인 젊은이를 위하여 공양을 해달라는 부탁을 한 것이었다.
 이때, 돌중이 생전에 극진히 돌보아 주었던 노스님이 비로 지금의 이시이 여사의 양녀(養女)임도 아울러 밝혀졌다.
"그러니까 전생에서 제가 보살핌을 받았으니 지금은 어머니로서 모시고 돌보게 된 것이로군요."
"그렇지요. 돌중은 회개를 했고 공양을 부탁했기 때문에 반신불수가 된 것이지, 만일 회개조차 하지 않았더라면 전신불수가 되었을지도 모릅니다."
 필자의 이야기에 이시이 여사 모녀는 깊이 깨닫는 바가 있는듯 했다.

이 뒤, 10여일에 가까운 체질개선의 시술을 받았고, '제령'
도 했다.
　'제령'을 하는 순간, 무서운 비명과 함께 젊은이의 망령이
떠나는 것을 이시이 여사의 따님이 영시(靈視)했다. 또한
'제령'은 한번만에 끄치지 않고 두번을 해야만 했다.
　전생에서 돌중에게 채집된 수많은 왕지네들의 영혼도 역
시 빙의되어 있었기 때문이었다.
　필자가 일본을 떠날 무렵에 이시이 여사는 혼자의 힘으로
몸을 뒤챌수도 있게 되었고, 오무라붙었던 손가락도 펴지게
되었으며, 걸음을 걷는 것도 한결 가벼워졌던 것이었다.
　그리고 무엇보다도 중요한 것은, 그 때까지의 편협하고 완
고하고 교만하기까지 했던 이시이 여사가 그 마음의 문을 활
짝 열게 되어 아주 원만한 인격의 소유자로 변했다는 사실이
아닌가 한다.
　자기가 저지른 과오에서 나타난 그 결과에서 누구나 벗어
날 수 없다는 인과율(因果律)이 우주를 지배하는 대법칙이
며, 자기의 죄업에 대한 응분의 고통을 치룬 뒤, 진심으로 회
개할 때 비로소 고통에서 해방되는 길이 열린다는 사실을 밝
혀준 좋은 보기라고 생각한다.
　"어젯밤에는 넓은 운동장 안을 열심이 뛰어가는 꿈을 꾸었
습니다."
　필자가 떠나기 며칠 전, 이시이 여사가 들려 준 말이다.
　"사람이란 누구나 이 세상에서 쓸모가 없는 존재가 되었을
때, 가게 마련입니다. 이시이 여사도 병고에서 해방되기를
바라기에 앞서서 회복이 되면 보다 많은 사람들을 도울 수
있는 능력자가 되기를 간절히 원하셔야 합니다. 이것이 바로
재생(再生)의 원리인 것입니다. '저를 지켜주시는 보호령이

시여, 제가 앞으로 많은 사람을 도울 수 있는 사람이 되게 하여 주실 것으로 믿고 감사합니다.' 이런 기도를 하십시오. 이미 소원이 이루어진 것으로 믿고 감사를 하십시오"

이시이 여사는 두눈에 눈물을 글썽거리면서 필자가 들려주는 이야기에 진심으로 부터 귀를 기울이고 있었다.

이제 새봄과 더불어 그녀의 앞길에는 서광이 비추리라고 생각한다.

5. 인간으로 재생한 돌고래 이야기

지난 1975년 3월이 아니었던가 한다.

제주도에 계시는 어떤 부인에게서 두툼한 편지가 나에게 배달되었다. 내용은 뇌성마비에 걸려 거의 무의식 상태로 7년이 지난 아들에 대한 이야기였다.

의식이 있는 환자같으면 비행기 편으로 상경할 수 있겠으나, 정신이 없기 때문에 연구원을 찾아올 수가 없으니 왕진을 와줄 수 없겠느냐는 간곡한 내용이었다.

필자는 평소에 생각하기를, 의사도 아니고 체질개선법을 보급하는 것을 사명으로 알고 있기때문에 체질개선이 불가능하다고 생각되는 위급한 환자는 절대로 취급하지 않는것이 원칙이고, 또 서울 시내에서도 연구원 바깥으로 나간 일이란 거의 없는 타이프로 이 편지를 받고 매우 당황했다.

그러나, 다시 돌이켜 생각해보니 제주도는 한번도 가본 일이 없는 곳인만큼 관광도 겸해서 연일 난치병 환자들을 대하노라고 지칠대로 지친 마음과 몸의 휴식도 가질겸, 한번 가봐야겠다고 결심하기에 이르렀다.

그래서, 약 3일 머무를 예정을 세우고 제주도행 비행기를 탔다. 공항에 내려보니 제주도는 생각했던 것 보다는 상당히 도시화 되어 있어 시골에 왔다는 느낌이 거의 들지 않았다.

뇌성마비 환자의 집은 대중식당을 경영하고 있었고, 근처의 여관에 우선 여장(旅裝)을 풀었다.

환자는 열살 가량 되는 아주 곱살하게 생긴 소년이었다.
필자가 방안에 들어서는 순간, 소년의 입가에는 엷은 웃음이 떠도는 듯했다.
세살되던 해, 이층으로 올라가는 난간에서 떨어졌고, 그날 밤 높은 열을 내면서 의식불명이 된채 오늘에 이르렀다는 이야기를 하면서 소년의 어머니는 몇번이나 눈시울을 적셨다.
"이 아이는 유복자입니다. 저는 이 아이를 살리려고 가진 노력을 다해 왔습니다. 병원에서는 결핵성 뇌막염이라는 진단을 내렸고 거의 가망이 없다고 했습니다만, 집안 식구들의 정성으로 오늘날까지 목숨을 이어온 것입니다."
필자는 소년의 어머니 이야기에 귀를 기울이면서 혹시 어떤 영장(靈障)이라도 있지 않나 해서 조용한 마음으로 영사(靈査)를 했다.

이조(李朝) 중종(中宗)시대가 아니었던가 한다.
어떤 선비가 나라에 죄를 짓고 (사실은 억울한 누명이었지만) 제주도로 귀양살이를 가던 중, 풍랑을 만나서 바다에 빠진 일이 있었다. 선비는 수영을 하지 못하는 처지요, 또 너무나 놀란 나머지 차거운 바다물에 빠지는 순간 의식을 잃고 말았다.
이때, 근처에 있던 돌고래 세마리가 이 선비를 끌고 제주도 바닷가까지 날라다 주었다.
얼마나 긴 시간이 지났던 것일까. 풍랑은 멎었고 하늘은 다시 새파랗게 개었다. 선비가 정신을 차려보니 그는 갯벌에 누워 있었다. 정신을 차려 주위를 둘러보니 목숨을 건진 것은 자기 혼자뿐인 것이 분명했다.

한편, 조난당한 선비를 구해준 돌고래들은 용왕(龍王)으로 부터 크게 칭찬을 받았고, 좋은 일을 한 보상으로 인간으로 재생(再生)해서 인간세계를 구경하고 와도 좋다는 허락을 받아 자기네가 구해준 선비의 집안 식구로 태어나게 되었다.

그러나 인간으로 재생한 돌고래들은 인간 세상에 재미를 들이게 되었고 자기네들이 본시 돌고래였음을 까맣게 잊고 말았다. 물론 죽어서 영혼이 된 그들은 용궁으로 돌아가지 않았고, 몇번이고 거듭 인간으로 재생(再生)했다.

그뒤 오랜 세월이 흘렀다.

때는 2차 세계대전이 끝날 무렵이었다. 당국의 철수 명령을 받아 육지로 피난가던 사람들이 탄 배가 미국 잠수함의 공격을 받아 바다에 침몰한 사건이 있었다. 이 배에는 소년의 고모와 그밖의 가족들도 두명이나 타고 있었다.

바로 이들은 오랜 옛날에 인명구조를 한 공으로 인간 세상에 나들이 왔던 돌고래의 정령(精靈)들이었다. 그들은 다시 고향으로 돌아온 셈이었으나 그들의 느낌은 그렇지가 않았다.

너무나 오랫동안 인간 세상에서 살았었기에 그들은 인간 세상이 한없이 그립기만 했다. 그들은 어떻게해서든 다시 인간세계로 돌아가고 싶었다. 마침, 동료 돌고래 한마리가 상어와 싸우다가 부상을 입고 죽게 되자 그에게 부탁을 했다.

이들 세마리 돌고래의 염력(念力)의 힘으로 부상때문에 죽은 돌고래의 영혼은 소년이 되어 태어났다.

"네가 인간세상에 가면 무당이라는 사람이 있다. 그들의 힘을 빌려서 우리의 영혼을 다시 인간으로 태어나게 해다오."

 그러나 우주의 법칙은 엄격한 것이어서 소년으로 태어난 돌고래는 이미 전생(前生)의 기억을 간직할 수가 없었다. 그저 바다가 부르는 것만 같아 바닷가에 나가기를 즐겨했을 따름이었다.

 "그렇습니다. 우리 애는 어렸을때 노상 바닷가에 나가서 살았습니다. 그리고 바다고기는 절대로 먹으려고 하지를 않았습니다."

 부인이 한 이야기였다. 한편, 바다에 사는 돌고래들은 오랜 시간을 기다렸지만 인간세상으로 간 돌고래로 부터는 끝내 아무런 소식이 없었다.

 그들은 오래 기다렸다. 기다리기에 지친 그들은 어차피 자기네들의 소망이 이루어지지 않을 바에야 소년을 다시 데려와야겠다고 결심하기에 이르렀다.

 그들의 염력(念力)의 공격을 받고 소년은 이층으로 올라가는 도중에 난간에서 떨어졌다.

 마땅히 소년은 죽어야 했으나 아들을 살려야겠다는 어머니의 너무나도 강한 집념과 노력때문에 저승과 이승 사이에서 방황하는 몸이 되었던 것이다.

 필자로 부터 '체질개선'시술을 받는 순간, 소년의 머리에서는 고약한 냄새가 풍겼다.

 이틀 시술을 하고 사흘째는 '제령'을 했다. 이자리에서 필자는 용왕(龍王)과 바다에 빠져 죽은 세 가족들의 영혼도 불렀다.

 용왕에게 당부를 했다.

 이 이야기가 세상에 발표되는 날, 영혼이 윤회한다는 이야기를 인간세상에 알리게 되니 그 공(功)으로 바다에서 떠나지 못하고 있는 세 사람의 영혼을 완전히 인간세계로 돌아오게 해달라고 부탁했다.

"그들이 전생에서 인명구조를 한 공으로 용왕께서는 인간세상으로 보내셨습니다. 이번에는 이들 이야기가 세상에 발표됨으로써 우주의 법칙과 영계(靈界)의 법칙을 아직 깨닫지 못하고 있는 많은 사람들은 마음의 눈을 뜨게 할테니 이 아니 커다란 인명구조가 아니겠습니까. 이번에야말로 그들을 용궁의 어적(魚籍)에서 완전히 빼어주시기 바랍니다."

용왕은 필자의 청을 쾌히 승낙했다.

바다에서 죽은 세명의 넋은 재생(再生)의 과정으로 들어가기 위해 유계(幽界)로 직행했다.

그 순간, 의식불명인 상태에 놓인 소년의 영혼도 함께 떠나기를 원하는 것이 뚜렷하게 느껴졌다.

"아니다. 너는 여기 있어야 한다. 너는 결과적으로 우리들의 뜻을 이루게 해주었으니까 바다로 돌아갈 필요는 없다. 이 댁의 필요한 사람이 되어야 한다."

다음 순간, 필자의 눈 앞에 펼쳐졌던 환상(幻想)아닌 환상은 깨끗이 사라졌다.

필자는 입가에 미소를 띄우고 누워있는 소년 곁에 앉아있는 어머니를 돌아다 보았다.

"제가 지금 드린 이야기를 믿고 안믿는 것은 어디까지나 아주머니의 자유입니다. 제 이야기가 사실이라는 것을 입증할 수도 없고, 또 거짓이라는 것을 입증할 수 없는 것도 또한 사실입니다.

억지로 아드님을 살려야겠다는 생각을 버리십시오. 모든 것을 하늘의 뜻에 맡기십시오. 꼭 가야 할 아이를 억지로 붙

들어 두어 저승과 이승 사이에 가두어 둔다는 것은 당사자는 물론이오, 아주머니 집안 식구들 전부에게도 큰 십자가를 지우는 것이라고 생각됩니다."

 필자의 이야기가 끝나는 순간, 소년의 어머니는 흐느껴 울고 있었다. 한참만에 눈물을 거둔 소년의 어머니는 이제는 마음이 편안해졌노라고 했다.

 다음 날, 필자는 제주도에서 떠났다.

 그뒤 1년 가까이 지나는 동안, 소년의 집에서는 꼭 한번 소식이 있었을 뿐이었다.

 돌아오는 새봄과 더불어 어떠한 형태로든 이들 집안이 병고(病苦)에서 해방되기를 바라는 마음 간절하다.

 지금도 눈을 감으면 필자의 마음에는 돌고래가 인간의 어린이가 되어 무엇인가 바다가 부르는 소리에 귀를 기울이려고 애쓰는 모습이 보이곤 한다.

제 2장
동물령(動物靈)들의 암약

1. 도벽을 고친 소년

술을 지나치게 마시거나, 노름을 좋아한다거나 도벽 등의 나쁜 습관때문에 본인은 말할것도 없고, 가족들까지도 몹시 고통을 받는 예가 많다.

그중에서도 도벽, 즉 남의 물건을 훔친다는 것 그것도 경제적으로 유복한 집안의 자녀들이 이런 악습을 갖고 있는 예를 우리는 주위에서 가끔 보게 된다.

제주도에 사는 어떤 중학생이 이런 악습을 갖고 있어서 그 이모되시는 분이 필자의 연구원으로 데리고 온 일이 있었다.

소년은 우선 방안에 들어와서 필자의 얼굴을 마주 바라다 보지를 못했다. 필자가 영사(靈査)를 해 보니, 여러가지 동물령들이 빙의되어서 소년에게 도적질하고 싶은 욕망을 불러 일으키고 있음이 드러났다.

"혹시 그전에 뱀이라든가 그밖의 다른 동물들을 죽인 일이 없는가?"

"제가 벼랑 위에서 소를 잘못 다루어서 바다에 빠져 죽은 일이 있고, 또 큰 뱀이 풀밭 위를 지나가는 것을 보고 큰 돌로 쳐 죽인 일이 있습니다."

"뱀이 학생을 해(害)치려고 해서 죽인 것인가?"

"아닙니다. 오히려 저를 피해서 달아나는 것을 쫓아가서 죽였습니다."
 "그럼 말이다. 학생이 그 소나 뱀의 입장이라면 학생에게 복수를 하고 싶다고 생각하겠지."
 "그야 그렇지요."
 "그 동물의 영혼들이 죽는 순간에 학생의 몸에 붙어서 학생에게 자꾸만 나쁜 짓을 하게 해서 처벌을 받게 하자는 거예요. 그러니까 여지껏 도적질을 한 것은 학생이 한 짓이 아니고 원한을 가진 동물령들이 한 짓인 거예요."
 필자는 학생의 이모되시는 분에게 다시 이야기를 계속했다.
 "조카되는 학생은 원한을 가진 동물령에게 빙의되어서 그 피해를 입고 있었던 것입니다. 이 학생에게는 도벽이라는 나쁜 습성은 없는 것입니다."
 그러자 소년이 입을 열었다.
 "선생님의 말씀을 듣고 보니 생각이 나는 데요. 그 동물들을 죽이기 전에 저는 그런 악습이 없었어요. 하지만 지금은 그렇지가 않아요. 도적질하는 게 나쁘다는 것을 알면서도 어쩔 수가 없었어요"
 소년은 진심으로 회개하는 태도였다. 이틀동안 체질개선의 시술을 받았고, 사흘째 되는 날 제령도 했다.
 제령을 하는 순간, 그때까지 소년의 얼굴에 서려 있던 어두운 그림자가 깨끗이 사라지는듯 했다. 필자를 정면에서 바라다 보는 눈도 또렷 또렷하고 총명해 보였다.
 그런데, 얼마가 지난 뒤 도벽을 지닌 소년을 필자에게 데리고 왔던 이모가 다시 연구원을 찾아와 보고했다.
 이제는 도벽도 완전히 사라졌을 뿐만 아니라 성격도 좋아졌고, 학교에서도 모범생이 되었다는 이야기였다.

아무리 설득해도 개선되지 않는 도벽을 가진 사람은 '악령'이나 '동물령'의 빙의가 그 원인이 아닌가 한번 의심해 볼 필요가 있다고 본다.

2. 뱀의 원령(怨靈)

　옛부터 뱀과 인간에 대한 전설(傳說)은 비교적 많았다. 어떤 처녀가 어느 남자를 사모하다가 죽은 뒤, 뱀이 되어 그 남자를 칭칭 감아서 죽인 이야기라든가, 터주대감인 구렁이를 모르고 잡아 죽였더니 그 집이 망했다든가, 폐병으로 죽어가던 사람이 뱀을 잡아 먹고 기적적으로 회복했다든가 등 그밖에도 뱀과 인간에 대한 이야기는 헤아리기 어려울 정도로 많다.
　서양의 역사는 아담이 뱀의 꼬임에 넘어가 금단의 열매를 먹은 결과로 인간이 하나님의 노여움을 사서 에덴 동산에서 쫓겨났고, 이것이 인간이 짊어지고 있는 원죄(原罪)라는 것에서 출발하고 있는데, 이것이 서양인의 기본적인 사고방식임은 누구나 다 알고 있다.
　결국 뱀에 얽힌 여러가지 전설과 설화(說話)를 보면 한결같이 뱀은 사악(邪惡)한 것, 냉혹한 것, 교활한 것, 집념이 강한 존재로 그려져 있음을 알 수가 있다.
　하여튼 이상하리만큼 뱀 종류에 대한 인간의 인상이 좋지 않은 것만은 사실이다. 어느 역사 학자는 말하기를, 이것은 아득한 태고(太古)시절에 인간이 파충류들에게 늘 잡아 먹히던 기억때문이라고 주장하는 분도 있었다.

인간은 문명이 발전되면서 어느덧 뱀은 우리 주위에서 자취를 감추어 가고 있다.

원시시대에 우리와 밀접한 관계를 가졌던 뱀들이 최근에는 우리와 별다른 관계가 없는 존재가 되는 듯한 느낌이라고나 할까!

그러나 현실적으로 밑바닥을 캐고 보면 아직도 우리네 인간과 뱀은 깊은 인연을 맺고 있음을 알 수가 있다.

필자의 연구원을 찾아 온 많은 난치병 환자들 가운데, 자기도 알게 모르게 죽인 동물령때문에 고생하는 분들이 많은데, 그 대부분은 뱀과 개의 원령들이 원흉(元兇)인 경우가 많았다. 그런 많은 실화들 가운데서 몇가지 예를 보기로 들어볼까 한다.

1) 갑자기 파산한 사나이

1975년도 늦은 가을이었다고 기억된다.

초라한 모습의 한 중년남자가 필자를 찾아 온 일이 있었다.

커다란 술집을 경영했었는데 온갖 노력을 다했음에도 불구하고, 1년 후 결산을 해 보니 알거지나 다름없는 신세가 되어 버렸다는 이야기였다. 필자는 그의 두눈을 가볍게 눌러보면서 옴 진동을 일으켰다.

"무엇이 보입니까?"

"네. 수백마리의 뱀들이 서로 엉켜서 꿈틀거리고 있는 것 같은 모습이 보입니다."

"뱀을 잡아먹은 일이 있습니까?"

"네, 뱀이야 수십마리를 잡아 먹었지요. 몸에 좋다고 해서

요. 하지만 뱀을 먹은 뒤에 신경통은 더 심해지고 더구나 뜻하지 않은 파산까지 하게 되었습니다."
 "선생에게는 지금 뱀의 원한령들이 수없이 빙의되어 있습니다. 신경통은 보이지 않는 뱀이 그 관절 마디마디를 칭칭 휘여감고 있기 때문에 생긴 병이고, 사업이 실패로 돌아간 것은 선생으로 하여금 망할 일을 골라서 하게끔 그 원령들이 만든 탓이라고 생각됩니다."
 "그럼 어떻게 하지요. 지금도 뱀술을 담군 유리병도 마당 여기 저기에 묻어 놓았는데요."
 "아까운 생각이 들더라도 모두 땅 위에 쏟아버리십시오. 그리고 진동수를 한달 가량 마신 뒤에 다시 저를 찾아오세요."
 "그럼, 그 다음에는 어떻게 되는 거지요."
 "그때는 '제령'을 해드리겠습니다. 지금은 힘듭니다. 선생이 잡아 먹은 뱀들에게 대해서 미안한 마음을 가져야 합니다. 진동수로 어느 정도 몸을 깨끗하게 한 뒤에 오십시오."
 그뒤 한달동안, 이 사람은 전화를 통해서 열심히 진동수를 만들어 마신 모양이었다. 한달이 지난 뒤에 찾아온 것을 보니 얼굴빛도 좋아지고 밝은 인상이 되어 있었다. 이날 필자는 뱀의 원령들을 깨끗이 제령시켜 무사히 유계(幽界)로 이탈시켰다.
 제령을 하고 나니 그의 얼굴은 더욱 밝아진 듯 했다. 고맙다고 인사를 하고 돌아간 뒤, 꽤 여러 달 동안 그에게서 아무런 소식이 없었다.
 워낙 바쁜 일과(日課)에 쫓기다 보니 어쩌다 한두 번 와서 체질개선 시술을 받고 간 사람들을 전부 기억할 수는 없는 일인데, 어느덧 필자의 머리에서는 그에 대한 기억이 흐미해졌다.

 필자가 그런 사람이 다녀갔다는 사실을 전혀 기억에서 잊고 있을 무렵, 그는 다시 필자를 찾아왔다. 그는 나를 보고 반색을 했으나 얼른 그가 누군지 기억할 수 없었다.

 한참만에야 비로소 그가 어떤 일로 찾아왔던 사람인지를 기억하게 되었다.

 "그래 요즘은 어떻게 지내고 있습니까?"

 "네, 저는 이제 완전히 살수 있게 되었습니다. 그때 선생님을 찾아왔을 때는 사실 생계(生計)도 막연했었습니다. 진동수를 마시면서 친구의 도움으로 운전수 식사 전문인 작은 기사식당을 시작했는데 그 당시는 하루에 고작 열다섯명 가량의 손님 밖에 없었습니다. 그런데 제령을 끝내고 난 뒤부터 갑자기 손님이 늘기 시작했습니다. 지금은 매일 3백명 가량 손님이 찾아와서 모두가 단골이 되다시피 했기 때문에 생활문제는 완전히 해결되었을 뿐만 아니라 빚도 갚아 나갈 수 있게 되었습니다. 모두가 안선생님의 덕인줄 알고 감사하고 있습니다."

 처음에 찾아왔을 때의 침울하던 표정과는 달리 밝은 표정으로 이렇게 말하는 사람을 대할 때처럼 삶의 보람을 느끼는 일은 없다.

 뱀의 원령에서 해방되어 새로운 인생을 출발한 분의 소개로 필자의 연구원을 찾아온 사람은 수십명이 되는데, 그들은 그들대로 모두 기적적인 좋은 성과를 거둔바 있다. 어둠속에서 헤매는 사람들을 밝은 곳으로 인도해 준 기사식당 주인은 앞으로 더욱 번성하리라고 생각된다.

2) 땅군소년과 뱀과 여인

벌써 14년째 아주 이상한 질병을 앓고 있는 부인이 있었다. 하루에도 몇번씩 정신이 아득해지고 얼마동안 전혀 기억이 나지 않는 망각 시간이 계속되는 병이었다. 그러니까 정신이 아득해진 뒤 다음 정신이 날때까지는 무슨 짓을 했는지 전혀 기억나지 않는 것이었다.

정신을 차려보면 남의 집 대문을 두드리고 있거나 아니면 길거리에 누워 있어서 사람들이 주위에 가득 모여 있곤 하는 것이라고 했다.

병원에서는 일종의 간질이라는 판단을 내리고 간질치료제를 벌써 14년째 쓰고 있는데 이제는 약을 매일 먹는 것도 지겹고, 또 어쩌다 잊고 약을 먹지 않았을 때는 전에 없던 진짜 간질 증세까지 나온다는 이야기였다.

필자가 영사를 해보니 다음과 같은 사실들이 밝혀졌다.

"아주머니, 혹시 이 병이 생길 무렵에 강물에서 수영한 일이 없었습니까."

"네, 제 고향이 강가여서 수영을 자주 하곤 했습니다만…… 아 참 그렇군요. 그해 제가 열 일곱살 되던 여름이었다고 기억합니다. 강에서 수영을 하다가 왼쪽 귀에 물이 들어간 일이 있었습니다. 그 뒤로는 물에 들어가는 것이 싫어졌고, 그때부터 지금의 이 병이 생긴 것 같습니다."

"그 강 기슭에서 조금 하류(下流)로 내려간 곳에 소용돌이 치는 곳이 있지 않습니까."

"네, 있습니다."

"수영하다가 그곳 소용돌이에 말려 들어가 죽은 사람이 많을 텐데요."

"그것은 사실입니다. 여러 명이, 그것도 수영 잘하는 이들이 소용돌이에 말려 들어가 죽은 일이 있다고 들었습니다. 그래서 그곳에는 물귀신이 있다고들 하더군요. 무서워서 그 근처에는 가지를 못하지요."

"어느 해 여름, 땅꾼 소년이 강에서 수영을 하다가 죽은 일이 있었습니다. 한편 장마 때, 큰 나무토막을 타고 떠내려오던 굉장히 큰 뱀이 그 소용돌이에 말려 들어가 죽었는데 그 뱀의 영혼이 소년을 감아서 소용돌이로 끌고 들어간 것입니다. 소용돌이 밑에는 큰 바위가 두개 있는데, 그 바위 사이에는 이곳에 빨려 들어가 죽은 시체들이 끼어 있습니다."

"소용돌이에 말려 들어간 사람은 시체가 떠오르지 않는다고 들었습니다. 또 시골이라 잠수부를 동원할 생각을 할 수 없는게 사실이기 때문에 한번 소용돌이에 끌려 들어가면 수신제(水神祭)나 지내는 것이 고작이지요."

"그런데 그 소용돌이에 끌려 들어가 죽은 땅꾼 소년과 큰 뱀의 영혼이 아주머니에게 기생해서 생명력을 앗아가고 있기 때문에 그런 병이 생긴게 분명합니다."

"왜 하필이면 저에게 빙의가 되었을까요."

"그것은 전생(前生)에서 이 땅꾼 소년과는 모자(母子) 사이가 아니었던가 합니다. 의지해서 들어온 것이지요."

나는 그 아주머니를 위해 2일간 시술을 하고, 사흘째 되던 날 제령을 했다.

제령하는 동안, 환자에게 발작이 일어났다.

"아 어둡다. 춥다. 제발 나를 여기서 해방시켜 줘요."

땅 속으로 꺼져 들어가는 것과 같은 소년의 목소리였다.

뱀이 제령될 때는, 큰 구렁이가 몸 밖으로 나가는 시늉을 했다. 몸이 앞으로 쓸어지면서 땅을 기어가는 형태를 나타내는 것이었다. 한참만에 부인은 제정신이 돌아왔다. 조금 전에 있었던 일을 전혀 기억하고 있지 않았다.
"마치 해산하고 난 뒤 같이 허전하군요."
한참만에 부인이 한 말이었다.
다음 날 부인이 또 찾아왔다. 이번에는 소용돌이에 빠져 죽은 다른 작은 동물들의 영혼들을 집단적으로 이탈시켜야만 했기때문이다.

그 뒤 이 환자는 완전히 건강을 되찾았다고 한다.
현대의학으로는 도저히 이해할 수 없는 일이지만 집단영장(集團靈障)을 해소시킨 결과, 난치병으로 오랜 세월 고생하던 환자가 거의 기적적으로 회복한 예는 이밖에도 헤일 수 없을 정도로 많은 것이다.

3. 어느 불면증 환자의 이야기

소설가이신 김태영(가명)씨가 필자를 찾아온 일이 있었다. 10여년에 걸친 오랜 불면증과 위장질환 때문에 몹시 고생하고 있노라고 했다.

《악령을 쫓는 비법》을 읽고 아무래도 영사(靈査)를 받았으면 해서 찾아왔노라고 했다. 영사를 해 보니 다음과 같은 사실들이 드러났다.

김태영씨는 전생(前生)이 중국의 도인(道人)이었다. 말하자면 선도연구가(仙道研究家)였다고나 할까. 그의 문하(門下)에는 많은 제자들이 있었는데 그중에 마음씨 고약한 사나이가 있었다. 그는 자기가 터득한 신통력(神通力)을 악용해 여러 사람들을 괴롭혔다.

그의 행패에 견디다 못한 마을 사람들은 계략을 꾸몄는데, 그를 초대해 술을 진탕 마시게 한 뒤, 모두 달려들어 몽둥이로 때려서 개처럼 잡아 버린 것이었다. 뒤늦게 이 자리에 나타난 선생인 도인(道人)은 한탄을 했다.

"모두 내가 덕이 없어서 잘못 가르친 탓이다. 정말 미안하구나. 너는 생전에 도인답게 살지 못하고 짐승과 같은 생활을 했고, 마지막에는 개처럼 맞아 죽었으니 다음 생(生)에는 아마도 개로 태어나기 쉬울테니 큰 일이로구나. 그때 내가 다시 너를 만난다면 구해 주리라."
 이런 한탄과 함께 도인은 마을 사람들이 지켜보는 가운데 연기처럼 자취를 감추고 말았다.
 "그럼 그때의 도인이 저란 말씀입니까?"
 하고 김태영씨는 어안이 벙벙해진 얼굴로 두 눈을 크게 뜨면서 반문했다. 필자는 말없이 고개를 끄덕였다.
 이윽고 한참만에 필자는 입을 열었다.
 "선생은 불면증이 생기기 얼마 전에 분명히 개고기를 먹은 사실이 있을 겁니다. 잘 생각해 보세요."
 김태영씨는 한동안 생각에 잠겨 있더니 고개를 끄덕였다.
 "그래요. 개를 잡아 먹은 일이 있습니다. 그때 시골에 있을 때였는데 위장이 좋지 않아서 고생을 한다고 하니까 개를 먹어보라고 누가 권유한 일이 있었습니다. 그런데 막상 개를 보니 왜 그런지 불쌍한 생각이 들어서 이 개를 잡아 먹었다가는 오히려 병이 더할 것 같아서 잡지 말라고 했는데, 그만 이야기 전달이 늦어져서 개를 잡아 죽인 뒤였습니다. 한편, 그 개의 주인인 마을 소년이 다시 개를 찾으러 왔었는데, 벌써 죽었다는 말을 듣고 풀이 죽어서 돌아가지도 못하고 원망스러운 얼굴로 아무 말 없이 내 얼굴을 지켜보던 것이 지금도 기억에 생생합니다."
 "그 개가 누구였는지 아십니까? 바로 김태영선생의 전생의 제자가 환생(還生)한 모습이었던 것입니다."
 "그래요."
 아연실색한 표정이었다.
 "사람이 동물로 환생하면 전생의 기억을 간직하는 법입니다. 동물이 인간으로 승격하여 환생했을 때는 동물이었던 시절의 기억은 없습니다. 다만 어쩐지 낯선 곳에 와 있다는 소외감을 느끼게 되고, 그리고 남다른 강한 영감의 소유자가 될 뿐이죠."

이날 '제령'을 했다.

제령을 할때, 몹시 누린내가 풍겼다. 흡사 개털 타는 듯한 고약한 냄새였다.

이날로 김태영씨의 불면증은 씻은 듯이 사라졌다.

본래 개는 밤에 자지 않는 짐승이다. 개의 혼이 나갔으니까 그 당연한 결과로 그렇게도 고질이어서 어떤 치료법에도 끄떡하지 않던 완고한 불면증이 씻은듯이 사라진 것이었다.

요즘도 김태영씨를 만났을 때, '전생의 제자'가 환생한 개를 잡아 먹었다고 하면 아주 질색을 한다.

제발 그 이야기만은 여러 사람들 앞에서 하지 말아 달라는 것이다.

4. 개로 재생된 어느 프랑스 여인

이것은 필자가 체질개선연구원을 운영하기 전, 동민문화사(東民文化社)라는 출판사를 경영하고 있었던 20년 전의 이야기이다.

출판사의 수금관계 일로 영업부장이었던 김봉룡(金奉龍)씨와 함께 부산에 출장간 일이 있었다. 이때 우리는《한국 아동문학선집》을 출간할 계획을 세우고 있었다.

책을 내기 전, 외판관계 일을 매듭짓기 위해 부산에서 이름난 H외판센터의 박사장을 만났다. 박사장과 다방에서 만나 여러가지 이야기를 나눈 끝에 시간이 있으면 자기 집에 함께 가지 않겠느냐는 권유를 받았다.

마침 저녁때이기도 했고, 술 한잔 집에서 대접하겠다는 박사장의 모처럼의 간청을 물리칠 아무런 이유도 없었다. 더구나 박사장하고의 사전 교섭을 위해서 부산까지 내려온 게 사실이고 보면 오히려 필자 편에서 한턱을 내야 할 처지인 것이다. 필자 일행은 박사장을 따라서 대신동에 있는 그의 집을 찾았다.

벨을 누르니까 개 짖는 소리가 요란스럽게 들렸다. 짖는 소리가 앙칼진 것으로 미루어 보아 스피쓰 종류의 개가 아닌가 했다. 문을 여니 아니나 다를까 흰 스피쓰 한마리가 쏜살

같이 달려나와 박사장에게 안겼다.

자리가 정해지고 술상이 나오고 한 다음이었다.

이야기가 어쩌다가 전생(前生)에 대한 화제로 바뀌자 박사장이 갑자기 뚫어지게 필자의 얼굴을 보았다.

"안사장께서는 사람의 전생을 알 수 있다고 하셨는데 동물에도 전생이 있다고 봅니까?"

"글쎄요. 아직 경험은 별로 없지만 인간이 때에 따라서는 동물로 환생하는 경우도 있고, 또 그 반대인 경우도 있는 법이니까 동물에게도 전생이 있다고 보아야겠죠."

"그렇다면 우리 포리(스피쓰의 이름이었다)의 전생이 무엇이었는지 이야기해 주실 수 없습니까?"

"좋습니다. 노력해 보지요."

필자가 박사장 곁에 앉아 있는 스피쓰를 바라다 보니 거침없이 한폭의 그림이 떠올랐다.

"이 개의 어미는 어느 고관부인이 유럽 여행에서 돌아올때 데리고 온 것이고, 아빠는 한국에서 태어난 스피쓰가 아니었습니까?"

필자의 입에서 이 말이 떨어지자, 박사장의 두 눈이 휘둥그래졌다.

"어떻게 그걸 아시죠. 그건 사실인데요."

"이 개는 전생이 사람이었습니다. 그것도 루이 16세의 궁전에서 일하던 궁녀(宮女)였어요. 그런데 평생 동안 개를 지나치게 사랑하여 개와 더불어 성생활(性生活)을 했고 사람하고는 관계한 일이 없었습니다. 그러니까 스스로의 인격을 모욕하고 짐승과 같이 자신을 다루었기 때문에 재생하는 과정에서 개가 된 것입니다."

필자의 입에서 이 말이 떨어진 순간, 스피쓰는 갑자기 꼬리를 말고 얼굴을 숙이면서 와들와들 떨기 시작했다.
"저것 보세요. 부끄럽고 무서워서 떠는게 분명합니다."
 방안에 앉아 있던 사람들은 모두 어안이 벙벙해서 와들와들 떠는 스피쓰와 필자의 얼굴을 번갈아 쳐다볼 뿐, 방안에는 한동안 숨이 막힐 것 같은 침묵만이 흘렀다.
"이 개의 전생이 틀림없이 프랑스 여자였다는 증거를 보여 드리죠."
 필자는 풀이 죽어 있는 스피쓰를 보고,
"라·브와라·브네·이씨(자아 이리 온)"
 하고 말한 순간, 스피쓰는 마치 쇠사슬에 끌린 것처럼 필자 앞으로 걸어왔다.
"아쎄브·실·브프레(자아 앉아라)"
 스피쓰는 얌전하게 앉았다.
"도르메(누워라)"
 그러자 스피쓰는 필자 곁에 놓인 벼개를 베고 모로 눕는게 아닌가.
"어떻습니까? 한국에서 태어난 개가 프랑스 말을 알아듣는걸 보십시오."
 박사장은 고개를 끄덕이며,
"그러니까 이 녀석이 여자였구나. 그래서 나를 그렇게 따르는군 그래."
 하고 웃음을 터뜨렸다. 박사장 부인은 무시무시하다는 표정으로 포리에게 바깥으로 나가라고 했다.
 풀이 죽어서 꼬리를 말고 밖으로 나가는 스피쓰의 모습이 왜 그렇게 처량했던지, 우주를 지배하는 인과(因果)의 법칙이 얼마나 준엄하다는 것을 모두 뼈저리게 깨닫는 순간이기도 했다.

5. 어느 남편의 전생(前生)을 본다

사람이 스스로의 존엄한 인격을 손상시키고 짐승의 위치로 타락될 때, 다음 번에는 동물로 재생한다는 이야기를 하였는데, 이번에는 그 반대되는 보기를 들어볼까 한다.

S기업의 김동환(가명임) 사장하면 모르는 사람이 없을만큼 건설업계에서는 널리 알려진 인물이다.

국내 뿐만 아니라 해외에서 보다 활발한 활동을 하고 있는 이 S기업 사장의 부인이 지난해 필자를 찾아온 일이 있었다.

중년부인들이 대개 그러하듯 신장 기능이 좋지 않고 저혈압인 그런 환자였다. 몇 번의 체질개선 시술로 김씨 부인은 몰라보게 건강해졌을 뿐만 아니라 젊어지기까지 했다.

그러나 경제적으로 다시없이 유복한 생활을 하고 있는 이 부인에게도 고민은 있었다. 슬하에 오직 하나 외아들이 있을 뿐인데, 현재 미국에서 살고 있고, 이번에 그 자부(子婦)의 출산을 돕기 위해 미국으로 떠날 준비를 서두르고 있노라고 했다.

자부의 출산을 돕기 위해 외국을 간다는 것은 우리네 서민층으로서는 감히 바랄 수도 없는 일이지만, 이 부인에게는 남편이 밖에서 낳아 데려온 여덟살 먹은 어린 딸이 딸려 있어 그것이 여러 가지로 정신적인 고통을 주는 원인인듯 했다.
 "제가 남편이 원하는 만큼 자식을 낳아 바치지 못한 몸이라 아무 소리 못하고 죽어 지내긴 합니다만, 남편의 바람은 손자를 보게 된 지금까지도 멎지를 않는군요. 더구나 당뇨병까지 앓고 있으면서 말입니다."
 하고 부인은 길게 한숨을 몰아 쉬었다.
 "한번 모시고 오십시오. 당뇨병 환자도 체질개선으로 좋아진 예가 많으니까요."
 부인은 한참 생각에 잠겨 있더니,
 "글쎄 권유는 해보겠지만 오실까 모르겠어요. 저의 남편은 철저한 상식인이어서 현대의학 외는 믿지 않으니까요"
 "그러시겠죠. 하지만 저하고 인연이 있으면 한두 번은 오실겁니다"

 그뒤 자기 부인의 건강회복에 감명을 받았음인지 S기업의 김사장이 부인의 안내로 연구원을 찾아왔다.
 만나보니 아주 특이한 인상을 지닌 사람이었다. 한 마디로 말해서 말(馬)이 인간으로 재생한 것이 분명했다. 머리 모양도 아주 특수하고 더구나 하반신이 잘 발달된 몸이었다.
 이틀인가 시술을 받았는데, 대개 이런 경우 그러하듯 바쁘다는 것을 핑계로 그는 다시 필자를 찾지 않았다. 자기의 건강을 위해서 필자를 찾은 것이 아니라 부인의 성화에 못이겨 마지 못해 찾아 왔던게 분명했다.
 "그래도 그이가 두 번이나 온 것은 기적입니다. 조금 피로가 덜하다는가 보더군요."
 "진동수나 댁에서 마시게 하세요."
 "밤낮 해외 출장이니 어디 그것이 마음대로 됩니까?"

하고 부인은 한숨을 몰아쉬더니,

"참 저의 남편의 전생(前生)은 알아보셨나요. 저하고는 무슨 인연으로 만나서 이렇게 속을 썩히게 하는 것인가요."

하고 다구쳐 묻는 것이었다.

"말(馬)입니다. 말이 인간으로 환생한 것입니다."

"네?"

부인은 두 눈이 휘둥그레져서 필자의 얼굴을 보았다.

"부인은 전생이 청나라 왕실(王室)의 공주였던 것 같습니다. 굉장히 아끼던 애마(愛馬)가 있었습니다. 이 말은 공주가 죽을 뻔한 것을 세 번이나 구해준 일이 있었고, 부마가 죽었을 때도 울지 않았던 공주가 애마가 죽자, 목을 놓아서 울었습니다. 남편 이상으로 사랑했던 때문이지요. 그 때문에 그때의 공주가 사랑하던 말이 인간으로 재생해서 부인의 지금 남편이 된 것이라고 생각됩니다. 전생(前生)에서 부인을 등에 태우고 편안이 모셨듯이 지금도 부인에게 경제적인 부유한 생활을 보증해 주고 있는 것이지요. 또 전생이 말이었기에 사방 팔방을 분주하게 돌아다니는 것이기도 하구요."

필자의 이야기가 끝나는 순간, 부인은 크게 웃음을 터뜨렸다. 눈물을 흘리기까지 하면서 정말로 통쾌하기 이를데 없다는 웃음이었다.

항상 내성적(內省的)이고 침울하기만 하던 부인의 얼굴에서 이런 밝은 표정을 보기는 처음이었다.

"말이라니…… 정말 그렇군요. 생긴 것도 말 같지만 성격도 그래요. 그러니까 제가 전생에서 크게 은혜를 입었군요."

"네, 그것도 세번씩이나요."

"그러니까 남편의 잘못이 있어도 적어도 세번은 용서해 주어야겠군요. 또 말이 인간이 되었다면 그이가 인간으로서 다소 모자라는 점이 있어도 제가 너그럽게 보아 주어야죠. 더구나 그이가 제 남편이 된 것은 제가 전생에서 사랑했기 때문이었으니까요. 남편이 죽어도 안울었던 제가 통곡 했다니 ……정말 선생님의 말씀을 듣고 보니 속이 후련해지는군요."

남편의 전생이 말이라는 이야기에 화를 낼 줄 알았는데, 그 반응은 정반대였다.

오히려, 이 이야기를 듣고 부인의 남편에 대한 태도는 아주 관대해진 게 분명했다.

S기업의 김사장이 이 이야기를 들으면 노발대발할런지 모르지만 하여튼 필자의 영사(靈査) 결과는 그렇게 나왔으니 할 수 없는 일이고, 또 현실면에서 부인이 관대해지므로서 김사장의 고충이 덜어진 것은 분명하니까 오히려 필자에게 고맙다는 치하를 해야 될 경우가 아닌가 한다.

6. 다람쥐가 되었던 조부의 재생

 옛날부터 내려오는 우리나라 속담에 문둥병과 간질병은 하늘이 내린 천형병(天刑病)이라는 이야기가 있다.
 그만큼 이 병들은 예전에도 무서웠던 질병이었고, 오늘날 현대의학의 발달로 많이 줄어들기는 했으나, 아직도 이 병을 앓고 있는 당사자나 그 가족들에게는 '이 무슨 하늘이 내린 형벌인가?' 하는 탄식이 절로 나오게 된다는 점은 예전이나 하나도 다를바 없다.
 문둥병은 그래도 바이러스에 의해 발병된다는 것이 밝혀졌기 때문에 이제는 현대의학으로 어느 정도 완치시킬 수 있는 방법이 개발된 셈이지만, 간질병은 아직도 그 원인이 불분명한 경우가 많고, 그 원인이 외상(外傷)에서 비롯된 경우도 있으나, 뇌파검사에서는 정상인 데도 간질 발작은 여전히 발생되는 경우가 많기 때문에 결국 현대의학에서 완치시킬 수 있는 테두리 밖에 놓인 증상으로 볼 수 있다.
 필자는 그동안 2년에 걸쳐 많은 간질 환자를 취급한바 있고, 그중에는 아주 짧은 시일 안에 완치된 예도 있으나, 그런가 하면 필자로서 최선을 다했지만 성공하지 못한 예가 있는 것이 사실이다.
 죽은 사람이나 동물의 영혼이 빙의되어 생기는 간질, 이것이 이승에서 일어난 일일 경우에는 '제령'을 통해 쉽게 해결되지만, 전생(前生)에서의 엄청난 집단살인에 의한 영장(靈障)때문에 생긴 간질병은 '제령'이 결코 쉽지 않다는 것. 그리고 태내(胎內)에서 뇌구조 자체에 이상이 생겨 태어난 선천성 간질이라는 것도 있을 수 있다는 것을 알게 되었다.

그러니까 단순하게 간질이라고 하지만 그 원인도 전부 다르고 종류도 여러가지 있다는 이야기이다.

지금 여기에 소개하려는 이야기는 아주 색다른 것이므로, 독자 여러분들의 깊은 관심을 끌수 있으리라고 생각된다.

하루는 저녁때가 다 되어 의정부에서 한 가족들이 필자의 연구원을 찾아온 일이 있었다. 여섯살 먹은 아들은 태어날 때부터 간질을 앓고 있으며, 하루에도 수십번 발작을 일으키곤 해서 좋다는 치료법은 모두 동원해 보았으나 그야말로 백약이 무효였다는 이야기였다.

그러던 중, 필자에게서 시술받고 간질이 치유된 사람의 소개를 받고 찾아왔노라고 했다.

그런데 이 아이의 증세가 아주 이상했다. 잠시 한눈을 팔면 똑바로 앞을 향해 쏜살같이 내달린다는 것이었다.

이 때문에 교통사고도 여러 번 당할 뻔했고 벼랑으로 떨어진 적도 있었는데 이상하게도 상처 하나 입은 일은 없었노라고 했다.

"그러면 하루종일 아드님을 붙잡고 있어야겠군요."

"그러니 죽을 노릇이죠. 사람이 하나 항상 붙들고 있어야 하니 집안 식구들이 정말 죽을 노릇입니다. 제발 선생님께서 고쳐 주십시오."

하고 환자의 어머니는 사뭇 애원하다시피 했다.

그러자 바로 그 순간이었다.

아이에게 발작이 일어났다. 온몸을 뒤틀고 야단을 치면서 손과 발에 경련이 일어났다. 이윽고 아이의 얼굴은 무엇으로 목을 조인 것처럼 프르팅팅하게 부어 오르더니 '찍'하는 소리와 함께 고개를 옆으로 돌리더니 그만 의식(意識)을 잃고 말았다.

그 '찍'하는 소리가 아주 인상적이었다. 쥐나 다람쥐 종류가 죽을 때 내는 소리와 매우 흡사했다.

의식을 잃은 꼬마를 앞에 놓고 나는 영사(靈査)를 했다.

그러자, 다음과 같은 사실을 알아낼 수가 있었다.

"혹시 이 아이를 임신했을 때 아기 아버지가 다람쥐를 죽인 일이 없습니까"

그러자 꼬마의 아버지는 순간 얼굴이 창백하게 변했다.

"네 그런 일이 있었습니다. 다람쥐를 잡아서 철사로 엮은 장속에 넣어 두었었는데 먹이를 주려고 문을 연 순간 다람쥐가 도망치려고 튀어나오다가 철사 구멍에 목이 조여서 죽은 일이 있었습니다. 제가 양심에 가책을 받는다면 바로 이 일이죠. 저는 평생 그 밖에 살생(殺生)이라고는 해본 일이 없습니다."

"그리고 말입니다. 선생의 조부님이 혹시 유명한 사냥꾼이 아니셨던가요."

"네 그렇습니다만!"

"조부님은 사냥을 즐기면서도 그 분은 살생하는 것 자체가 취미가 아니었던가 싶습니다. 죽일 만한 이유가 하나도 없는 다람쥐 같은 것도 눈에 띄면 총으로 쏘아 죽일 정도로 자신의 사격 솜씨를 자랑했던 것이 아닌가 싶군요."

"거기까지는 확실히 모릅니다만, 아마 그러시기가 쉬웠을 겁니다. 사냥광이라고 할 정도였다니까요."

"그런데, 그 조부님이 돌아가신 뒤, 다람쥐로 재생(再生)한 것입니다. 인간이 동물로 환생했을 때는 앞서 생애의 기억을 간직하고 있게 마련입니다. 그렇지 않다면 자기의 과오 때문에 동물로 태어난 뜻이 없어지거든요. 만일, 전생을 기억하지 못한다면 처벌의 뜻이 없어지거든요. 그런데 그 다람쥐가 선생의 손에 붙잡힌 것입니다. '나는 다람쥐가 아니다'라고 아무리 외쳐보아야 소용없습니다. 결국 죄없는 목숨을 함부로 죽이고 아무런 반성이 없었던 사람은 자기가 그 자리에 서 보아야 비로소 깨닫게 되는 것이죠. 다람쥐가 된 조부님은 목숨을 건지기 위해 도망치다가 철사에 목이 걸려 죽었습니다. 숨이 넘어간 순간, 다람쥐의 몸에서 탈출한 조부님의 영혼은 그때 임신 초기였던 선생 부인의 몸으로 들어가 이 아이가 된 것이지요. 이 아이는 지금 인간이라는 의식이 없습니다. 전생에서 다람쥐로서 죽었던 순간의 공포심이 너무나 강했기 때문에 이 아이는 그저 똑바로 도망 칠 생각밖에 없는 것이죠. 그리고는 하루에도 몇번씩 다람쥐로서 목이 졸려 죽던 장면을 되풀이 해 보이는 것이, 우리가 보기에는 간질로 나타난 것입니다."

"그러면 어떻게 하면 좋겠습니까."

하고 아이의 아버지는 혼수상태에 놓여 누워 있는 아들의 얼굴을 내려다보았다.

"방법은 하나, 이 아이의 심층심리(深層心理)속에 들어있는 다람쥐로서의 죽는 순간의 기억을 지워버리는 것입니다. 동시에 그것은, 이 아이가 선생의 조부로서 저지른 갖가지 살생(殺生)의 기억도 지워버리는 것이 됩니다. 이 우주는 인과율(因果律), 즉 언제든지 원인은 결과가 되어서 나타난다는 법칙을 선생 내외가 깊이 이해하고, 그 인과율을 뛰어넘는 법은 사랑의 정신 밖에 없다는 사실을 깨닫게 되면 이 아이의 전생의 업장(業障)은 소멸됩니다. 그결과 자연히 간질 증상은 없어지게 될것입니다."

필자의 조용한 이야기에 그들 부부는 깊이 깨달은 바가 있는듯 했다. 잠들어 있는 어린이에게 체질개선의 시술을 통해 전생의 기억을 지워버리는 동안 아이는 정신없이 자고 있었다.

"발작이 있은 뒤, 이렇게 오랫동안 지본 일이 없는데 참으로 이상한 일입니다."

하고 아이의 아버지는 감탄했다.

다음 날, 그에게서 전화가 걸려 왔다.

"어제 처음으로 발작이 일어나지 않았습니다. 그리고 가만이 두어도 앞으로 정신없이 뛰어 도망가려는 증세가 없어졌습니다."

멀리서 들려오는 전화 속의 목소리는 사뭇 들떠 있는듯 하였다. 그뒤, 이 아이의 부모는 다시 필자를 찾지 않았다.

아마 완쾌가 된게 아닌가 싶다.

이럴 경우, 편지 한통도 보낼줄 모르는 우리 한국인들의 기질을 너무나 잘 알고 있는 필자라 별로 서운할 것도 없었다.

'변소 갈 때 마음 다르고, 나올 때 마음 다르다.'

'무소식이 희소식'

이런 속담이 만고(萬古)의 진리임을 새삼 느끼곤 한다.

환자가 완쾌되면 다른 많은 환자들을 소개하겠느니, 사례를 하겠느니 호들갑을 떠는 사람 처놓고 병이 완쾌된 뒤에 필자를 다시 찾아온 사람은 거의 없었으니까 말이다.

7. 닭을 무서워 하는 소년

　고등학교에 다니는 남학생이 이상한 노이로제 증상때문에 그 어머니와 함께 필자의 연구원을 찾은 일이 있었다.
　6척에 가까운 늠름한 체격의 학생이었는데 그의 노이로제 증상은 아주 특이한 데가 있었다.
　"이 아이는 키가 너무 크다는 것과, 자기의 얼굴이 아주 흉악하게 생겼다는 그것이 고민입니다."
　"전부터 그런 증상이 있었나요."
　"아아뇨. 전에는 그런 일이 없다가 몇달간 그런 소리를 하면서 성격이 거칠어졌으니까 문제가 된거죠."
　알고보니 이 학생의 아버지는 상당히 유명한 아동문학가(兒童文學家)였다.
　"혹시 이런 증상이 일어나기 얼마 전, 설악산 같은 곳에 가서 캠프을 한 일은 없었던가요."
　"네 있었습니다. 그러고 보니 그때 몹시 수척해서 돌아왔던 일이 기억나는군요."
　"고려말(高麗末)에 살았던 사람으로서 고역사(高力士)라는 별명을 가진 수도승(修道僧)이 설악산에서 수도하다가 죽은 일이 있는데, 그가 죽어서 지박령(地縛靈)이 되어 있다가 아드님에게 빙의한게 분명합니다. 제가 보기에도 지금의 아드님 얼굴은 본래의 인상이 아닌것 같습니다. 고역사의 얼굴인 것이 분명합니다."
"그렇다면 이 아이의 고민이 전혀 근거없는 것이 아니란 말씀이신가요?"
"그렇습니다. 아드님의 수상(手相)을 보니까 영능력자가 될수 있는 특수체질인 것이 분명합니다. 그래서 전생에 산에서 수도하다가 지박령이 된 고역사(高力士)의 혼백이 빙의된 것이고, 아드님의 눈에는 자기 얼굴이 빙의된 영혼의 얼굴로 보이기 때문에 고민하게 된 것입니다."
필자의 자세한 설명을 듣고 학생의 어머니는 어느 정도 납득이 되는 눈치였다.
이런 경우 늘 그러하듯, 이틀동안 체질개선의 시술을 받았고 사흘째 되던 아침에는 공복으로 오게 해서 '제령'을 했다.
빙의되었던 영혼이 이탈하자, 학생의 얼굴은 그 인상이 온화해졌다. 사납고 거칠어서 흉칙스럽기까지 했던 얼굴은 안개 사라지듯 없어졌다. 거울을 보여주니까 학생은 비로소 안도의 한숨을 쉬었다.
"이제 제 얼굴이 돌아왔군요."
이로써 노이로제 증상은 깨끗이 소멸된 셈이었다.
"그런데, 이 애는 몸집이 이렇게 큰편인데도 닭을 굉장히 무서워하는데 저는 아무래도 그 이유를 알수가 없습니다. 혹시, 이 애의 전생과 무슨 관계가 있을까요?"
하고 어머니가 물었다.
필자는 학생을 자세히 영사(靈査) 했다. 그랬더니 아주 놀라운 사실이 발견되었다.

아득한 옛날, 나라와 시대는 확실치 않다. 조정에서 권세를 잡은 어느 간악한 신하가 옥사를 일으켜서 충신들을 몰살시킨 일이 있었다. 죄명은 '역적 모의'였으나 물론 전혀 근거가 없는 일이었다.
 그는 살아서는 부귀 영화를 누렸으나 죽은 뒤, 재생하는 과정에서 큰 지네가 되었다.
 지난 날 인간이었다는 기억을 지닌채 태어난 지네였다.
 한약재로서 지네를 채취하는 산사람들 눈에 띄는 날이면 목숨은 없어지게 마련이었다.
 그러나 인간의 의식(意識)을 가진 지네는 죽는 것이 조금도 두렵지 않았다. 죽는 것만이 재생(再生)과 연결됨을 알고 있었기 때문이었다. 자기의 지난 죄를 속죄하기 위해서도 더러운 버러지의 몸이 약재의 일부로서 쓰인다면 다행이라고 생각했다.
 일부러 산사람들이 다니는 길목에 나와 있다가 번번이 잡히곤 했다.
 몇 백번이나 그런 일이 되풀이 되었을까?
 이번에는 틀림없이 사람이 되겠지 하면서 정신을 차려보면 변함없는 지네의 몸이곤 했다. 이제는 인간이었다는 기억도 아리숭해졌다. 아득한 옛날부터 지네였고 다만 인간이었다는 꿈을 꾼 것이 아니었던가 하는 생각마저 들기도 했다.
 지네는 괴로웠다. 지네라는 의식과 인간이었다는 의식이 한데 혼합된 생활은 그 자체가 하나의 지옥과 같은 고통이기도 했다.
 차라리 인간이었다는 의식을 완전히 떨쳐버릴 수 있다면 오히려 좋을 것 같았다. 어차피 인간 세계로 돌아올 수 없을 바에야 순수한 지네가 되기를 원하기까지 했다.
 그러던 어느 달 밝은 밤이었다. 돌틈에서 먹이을 찾아 나왔던 커다란 왕지네는 길가 큰 나무가지에 방(榜)이 붙은 것을 보았다.

이 고을 사또께서 원인모를 중병을 앓고 계신데, 명의가 이르기를 한자가 넘는 큰 왕지네가 든 약재가 필요하며, 그런 왕지네를 구해 주는 이에게는 상금으로 열량을 내린다는 내용의 글이었다.

지네는 자기의 몸이 한 자가 넘는다는 사실을 확인하고 이번에야말로 좋은 기회라고 생각했다. 지네는 밤을 도와서 마을로 내려갔다. 동구에 이르렀을 때, 날은 이미 밝아 있었다. 지네는 가까운 농가를 향해 기어갔다. 그러나 사람의 눈에 띄우기 전에 닭이 먼저 알아보고 달려 왔다.

'안된다. 나는 사또의 목숨을 구해야 한다.'

하고 소리쳤으나 아무 소용이 없었다.

닭의 날카로운 주둥이에 찢겨서 한 자가 넘는 지네의 몸은 2토막이 났다. 격렬한 고통이 계속되었다. 의식이 희미해지는 가운데 자기 쪽을 향해 달려오는 사람의 발자욱 소리가 들렸다.

닭이 소동을 치는 소리를 듣고 달려나온 농부는 자기 집 장닭이 한 자가 넘는 지네를 미처 다 삼키지 못해 눈을 휘번덕거리며 괴로워하는 것을 발견했다.

방을 읽은 농부는 닭을 잡아 죽여서 지네를 다시 토하게 했다. 농부가 갖다 바친 왕지네 덕분인지 이 고을 사또는 무사히 사경(死境)을 넘기고 희생(回生)했다.

그 다음에 지네가 다시 정신을 차려보니 그는 어린 아이가 되어 있었다. 그는 기쁘기 이를데 없었다.

그는 그저 기뻐서 울기만 했다. 다시는 버러지가 될 행동을 해서는 안되겠다고 다짐했다. 어린 아이가 공연히 까닭없이 눈물을 흘리는 것을 보고 어머니는 안질을 앓은 것이 아닌가 의심했을 정도였다.
"그럼 우리 아들이 지네였단 말인가요?"
"꼭 그렇다는 것은 아닙니다. 다만 그런 장면이 아드님과 관련해서 떠올랐을 뿐이고, 그것이 사실임을 증명할 길은 물론 없습니다. 아드님이 닭을 무서워하는 것은 닭에게 잡아먹혀 모처럼 좋은 일을 할 수 있는 기회를 놓침으로써 또 다시 지네로 태어나게 될까봐 두려워했기 때문이 아니었을까요?"
"동화 같은 이야기군요. 어쨌든 이 애가 노이로제 상태에서 풀려났으니 감사합니다."
하고 학생의 어머니는 치하하는 것이었다.
그뒤 얼마가 지난 뒤, 이 학생이 완전히 그전과 같이 건강을 회복하여 학교에 나가게 되었다는 소식을 들었다. 우주를 지배하는 인과율(因果律)이 얼마나 엄격한 것인가 하는 것을 알려주는 좋은 본보기이다.

제3장
원인과 결과

1. 운명은 바꿀 수도 있다

 우리가 살고 있는 이 세계는 우주법칙인 인과율(因果律)이 지배하는 세계인 것이 분명하다. 콩 심은데 콩 나고, 팥 심은데 팥 나게 마련이다.
 그 누구도 자기가 지난날에 만들어 놓은 원인이 결과가 되어 돌아오는 것을 막을 수 없는 것은 사실이지만, 한편 이런 인과율을 뛰어넘어 운명을 바꾸어 놓을 수 있는 또하나 고차원(高次元)의 우주법칙이 있다.
 그것은 무엇일까? 그것은 바로 사랑의 정신이다.
 사랑으로서 영혼을 충만시켜 마음가짐을 바르게 하거나 옳게 행할 때, 얼마든지 정해진 운명도 바꿀 수 있다는 것이 필자의 생각이다.
 흔히 쓰는 말에 숙명(宿命)이라는 단어와 운명(運命)이 있다.
 필자의 생각으로 숙명(宿命)이라는 말은, 철저한 우주법칙을 말하는 것으로서 피할 수 없는 것이지만 운명만은 우리의 마음 가짐에 따라 얼마든지 바꿀 수도 있다고 생각한다.
 숙명도 두가지로 나누어 볼 수가 있다.
 모든 육체를 가진 생물(生物)에게 주어진 숙명과 인간에게 주어진 숙명이다.

모든 생물은 그 목숨을 유지하기 위해서,
(1) 마시고 먹어야 하고 태어나서 자라야 한다.
(2) 하루에 일정한 시간과 휴식(잠자는 것)을 취해야 한다.
(3) 때가 오면 육체를 벗는 과정인 죽음을 맞아야 한다.
이 세가지 법칙의 테두리를 벗어날 수 없는 것이 육체를 지닌 모든 생물의 숙명이다.
다음에 인간에게 주어진 숙명은,
(1) 어느 시대에 태어나는가?
(2) 어느 나라 국민으로 태어나는가?
(3) 남자 또는 여자로서 누구의 자식으로 태어나는가?
하는 것이다.
이 세가지는 좋든 싫든 앞의 세상에서 만든 원인의 결과로서 정해지는 것이기 때문에 숙명이라고 할 수밖에 없다. 그렇다면 사랑의 정신으로서 얼마든지 바꿀 수 있다고 한 운명이란 어떤 것일까?
서론(序論)이 조금 길어진 것 같기에 여기서 실례를 들어서 이야기해 볼까 한다.

어느 날 필자의 연구원에 B중학에 근무한다는 여선생님 한분이 찾아온 일이 있었다. 만성 신장염을 앓고 있는 환자인데, 약 일주일에 걸친 체질개선의 시술을 받아 거의 완쾌된 상태였다.
이 부인이 나흘째 시술 받으러 온 날이었다.
필자에게 의논할 일이 있다고 하면서 자기 부부에게 당면된 고민을 털어 놓았다. 남편은 서울 법대(法大) 출신으로서 대학 재학시절에는 줄곧 장학생이었는데 졸업한 뒤, 집안 사정때문에 고등고시 공부를 중단하고 A보험회사에 입사(入社)해서 중견사원인 과장(課長)자리에 까지 승진했었다고 한다.

한편 부인도 B중학의 교원으로서 이들 가정은 비교적 풍족한 생활을 누리고 있는 편이라고 했다. 그런데 생활에 여유가 생기자 남편에게 전날 이미 포기했던 꿈이 다시 되살아 났다는 것이었다. 고등고시에 합격해서 판검사가 되겠다는 꿈이었다. 부부는 이 문제를 가지고 여러가지로 외논했다고 한다.

부인의 생각으로는 직업에는 귀천이 없는데 굳이 일류 보험회사의 과장 자리를 버리고 어떻게 될지도 모르는 고등고시를 보기 위해 기약없는 세월을 수험준비에 골몰한다는 것이 도대체 불합리하게만 여겨졌다고 한다.

판검사 자리가 보험회사 과장 자리보다 보수가 많은것도 아니고 도시 이해가 되지 않았다고 한다. 그래서 남편에게 여러가지 좋은 말로 설득해 보았지만 아무 소용이 없었다는 것이었다.

부인의 동의도 없이 회사에 사표를 낸 남편은 참으로 자기의 소망을 이루는 것에 반대한다면 이혼을 하자고까지 했다는 것이었다.

일이 이쯤되니 부인으로서도 도리가 없는 일이어서 그날부터 남편은 집에 들어 앉아서 수험공부를 시작하고 부인의 직장 수입으로 겨우 빠듯한 생활을 꾸려가게 되었다. 일년이 지난 뒤, 시험을 치르러 가는 날 남편은 늦잠을 잤다.

허둥지둥 택시를 잡아타고 갔으나 수험시간이 시작된 뒤여서 그는 그냥 쫓겨 올 수 밖에 없었다. 일년동안 고생한 것이 시험을 치르지도 못하고 허사가 된 셈이었다.

다시 일년 동안 피나는 공부를 했다.
밤늦게 까지 머리에 수건을 질끈 동여매고 책과 씨름하고 있는 남편을 보면, 그가 남편인지 아니면 다 큰 아들이 고등고시 공부를 하는 것인지 착각을 일으키는 수도 있었다고 부인은 고백했다.
기다리고 기다리던 수험 날이 왔다.
남편은 도시락을 싸들고 일찍 집에서 나갔다. 그런데, 이번에도 전혀 이해할 수 없는 일이 일어났다.
오전 시험을 끝내고 바깥에 나와 도시락을 먹은 남편은 그 자리에서 잠이 들어버렸고 정신을 차려보니 벌써 주위는 어두워져 있었다는 것이었다. 이번에도 끝까지 시험을 치르지 못하고 말았으니 그 결과는 알아볼 필요도 없는 일이었다. 또 다시 일년 동안에 걸친 피나는 시험공부가 계속되었다.
그러나 이번에도 결과는 마찬가지였다.
시험문제는 모두 쉬워서 능히 좋은 점수를 얻을 수 있었는데, 그만 착각해서 모두 틀리는 대답을 써놓고는 마감시간도 되기 전에 수험장에서 나온 순간, 자기의 잘못을 뒤늦게 깨달았다는 것이었다.
"선생님 이상히지 않습니까. 한두 번이라면 또 몰라도 세 번씩이나 실수를 하다니 말씀입니다."
필자도 여기에는 필경 무슨 까닭이 있으리라고 생각했다.
"남편을 모시고 오는게 가장 좋지만, 아마 여기 오기는 어려울 게고, 남편의 사진만이라도 가져 오십시오. 제가 영사 (靈査)해 드리겠습니다."
다음 날 부인은 친구들과 함께 찍은 남편 사진을 갖고 왔다. 사진을 한참 지켜보니 여러가지 장면이 선명하게 떠 올랐다. 어째서 그가 번번이 실패했는지 그 까닭을 알수가 있었다. 필자에게 영사(靈査)된 부인 남편의 전생(前生)은 이러했다.

이조(李朝) 중종(中宗)시대가 아니었던가 한다.

어느 양반댁 아들이 나이 열 일곱에 장원급제하여 암행어사가 된 일이 있었다.

그는 본시 과격한 성격이었던 데다가 나이가 어린 탓도 있어서 고을 수령들의 비행을 적발하는데 있어서 터럭만한 융통성도 없었다. 사형에 처할만한 경우도 아닌 것을 중죄(重罪)로 다스리곤 했다는 이야기다.

이때 처벌을 받아 죽은 사람들은 원혼(怨魂)이 되었다가 다시 재생(再生)을 했다. 이때의 선비가 재생된 인물이 바로 필자를 찾아온 부인의 남편이라는 것이었다.

현재, 이 부인의 남편 보호령 가운데 한분이 옛날 암행어사 당시의 조부(祖父)인데, 당신의 자손이 법조계에 나가, 같은 실수를 하여, 전생의 나쁜 인연을 만나서 비명횡사할것을 막아주기 위하여 세번씩이나 이상한 경로를 밟아서 시험에 낙방하게 된것이라는 것이 필자의 영사(靈査)결과였다.

"가령 부인의 남편이 고등고시에 합격해서 검사가 되었다고 합시다. 검사란 본시 직책 자체도 그렇지만, 특히 부인의 남편은 죄인의 죄를 다스리는데 있어서 터럭만한 인정에도 사로잡히지 않고 정상 참작은 전혀 하지 않는 무서운 검사 노릇을 할 것이란 이야기입니다. 주인이 다스린 죄인들 가운데 전생에 중벌을 받았던 사람이 있어서 그 심층심리 속에 부인의 남편에 대해 생리적(生理的)인 혐오감을 갖고 있었는데 자신의 죄상을 너무 지나치게 과중한 벌로 다스림을 받았을 때 큰 원한을 갖게 되고 이 죄수가 복역 후, 주인을 칼로 찔러 목숨을 잃게 하기가 쉽다는 것입니다."

"만일 그게 사실이라면 고등고시 공부하는 것은 당장 그만 두어야겠네요."

"그것은 그렇게 간단한 문제가 아닙니다. 부인의 남편이 자기 자신의 전생을 인정하느냐 부터가 큰 문제이고, 또 자기의 앞으로의 운명이 그렇다고 할 때, 이를 피해가는 방법과 뛰어넘는 방법이 없는 것은 아닙니다."

"어서 말씀해 주십시오."

"여기에 해바라기 씨가 있습니다. 해바라기 씨를 밭에 심으면 물과 햇빛으로 해서 해바라기 씨는 눈을 트게 되어 해바라기로 자라게 됩니다. 그러나 해바라기 씨를 책상 서랍 속에 넣어두면 십년이 가도 이십년이 가도 씨로 남아 있을 뿐 해바라기가 되지는 않습니다.

이것은 무슨 말씀인고 하니, 해바라기 씨는 해바라기가 될 수 있는 원인이기는 하지만 밭과 인연을 맺지 않으면 해바라기라는 결과는 이루어지지 않는다는 이야기입니다. 부인의 남편이 법조계와 연(緣)을 맺지 않으면 아무리 전생에서 나쁜 원인을 만들었다고 해도 결과는 나타나지 않게 되는 것입니다. 그러니까 앞으로의 처세는 세 가지 방법이 있다고 봅니다.

첫째는, 자기의 주어진 운명대로 걸어가는 것이고, 두번째는 고등고시를 포기하고 다른 직업을 택해 전생의 원인이 결과로서 나타나지 않게 하는 법, 그리고 세번째는 운명을 스스로의 마음 가짐으로 바꾸는 방법입니다."

"그런 방법이 있습니까?"

하고 묻는 부인의 눈에는 희망을 갖는듯 했다.

"분명히 있습니다. 그것은 바로 사랑의 정신으로 살아가는 방법입니다. 고등고시 시험을 보기는 보되, 합격했을 경우

판검사 코스를 밟지 않고 변호사가 되는 것입니다.

경제적으로 어려운 사람은 때로는 거의 무료나 다름없는 봉사적인 태도로 변호를 맡고, 옳지 않다고 생각되는 다시 말해서 승소할 가망이 없는 사람의 사건은 이를 맡지 말 것이며, 권력과 돈에 시달리는 사람 편에 서서 일하는 의로운 변호사가 되는 것입니다.

그렇게 될 때, 전생에서 나쁜 인연을 가진 사람을 만나게 되어도 그를 돕는 입장에 서있기 때문에 헤(害)를 입는 일은 없을 것입니다. 다만 열심히 일해서 도와주었지만 아마 그 사람은 과히 고맙다고 생각하지 않을지도 모르지요."

"잘 알았습니다. 제가 남편을 설득해 보겠습니다."

"이 세 가지 길 가운데 어느 길을 가느냐는 남편과 부인과 자녀들의 마음가짐과 전생으로부터의 원인이 복잡하게 작용해서 이루어지는 일이기 때문에, 아무리 제가 설득력이 있다고 해도 그 설득이 통하느냐 안통하느냐는 두고 보아야 알 일입니다."

"잘 알겠습니다."

"인간은 어느 순간에나 자기 자신 최선을 다해 살면 되는 것이니까요. 인사(人事)를 다해서 천명(天命)을 기다린다고나 할까요. 미리 가르침을 받았다고 해서 반드시 나쁜 운명을 피해갈 수 있는 것은 아닙니다. 본인의 마음 가짐, 남의 호의를 순수하게 받아들일 수 있느냐 없느냐에 달려 있다고도 할 수 있겠죠."

부인은 고맙다고 하면서 돌아갔으나 그뒤 필자를 찾아온 일이 없기 때문에 그녀의 남편이 아직도 고등고시 공부를 하고 있는지 여부는 알 길이 없다.

아무쪼록 이들 부부의 앞날이 평탄하기를 빌 따름이다.

2. 손자로 재생한 조부(祖父)

1975년 초였다고 생각된다.

우리 이웃에 사는 어느 부인이 심한 노이로제를 앓고 있는 아들을 데리고 필자의 연구원을 찾아온 일이 있었다.

H대학의 대학원까지 우수한 성적으로 졸업한 둘째 아들이 갑자기 이상한 고착관념에 사로잡히게 되어 그 한 가지 생각 말고는 아무런 생각도 할 수 없는 상태에 빠진 것이었다.

지능의 급격한 저하현상도 수반되었고, 병원에서는 아주 심한 노이로제라고 판단했기 때문에 약 6개월동안 입원 치료를 받았었노라고 했다.

그래서 완치가 된줄 알고 퇴원을 시켰는데, 20일 전부터 다시 심한 불면증이 시작되어 수면제를 다량 복용해 봐도 잠을 잘 수 없고, 주사까지 맞아도 영 잠을 이루지 못한다는 이야기였다.

20일 동안 전혀 잠을 이루지 못한 환자는 두 눈이 붉게 충혈되어 있었고, 필자가 보기에도 이것은 노이로제 단계를 이미 지나 분열증 증세를 나타내고 있는 것이 분명했다.

필자를 바라다보는 두 눈도 번들번들 이상하게 빛나고 있었고, 발음도 중풍에 걸린 환자처럼 분명치가 못했다.

이런 정도의 중증(重症)에도 과연 체질개선의 시술이 성공을 거둘까 싶기도 했다.
"참 착한 아이였습니다. 고등학교 시절에도 자기 반에서 둘째 이하로 성적이 떨어져 본 일은 없었습니다. 그런데 이게 웬일일까요?"
풍체가 좋은 환자의 어머니는 이렇게 이야기하면서도 금시 두 눈에 눈물이 글성해지는 것이었다.
필자는 우선 영사를 해보기로 했다. 그 결과 다음과 같은 이야기가 떠 올랐다.
"혹시 아주머니의 시할아버지께서 이조 말엽에 평안감사나 또는 그 밑에서 일하신 분이 아니셨던가요?"
"네, 감사는 아니고 그 바로 밑에서 일하셨다는 이야기를 들은 일이 있습니다."
"그 분이 꽤 많은 재산을 모아서 후손에게 물려주시지 않았던가요?"
"네, 그건 그렇습니다만······"
"제 영사로는 그게 정당하게 모은 재산이 아니었던 것 같습니다. 말하자면 백성들을 괴롭혀서 수탈한 재물이었다는 이야기입니다."
필자의 입에서 이 말이 떨어지자, 환자의 어머니 얼굴은 흙빛으로 변했다. 아무도 알 까닭이 없는 조상의 숨은 비밀이 밝혀진 때문인듯 싶었다.
유난히 자존심이 강해 보이는, 또 본인으로서는 평생 아무런 죄도 짓지 않고 살았다는 자부심을 갖고 산 부인인 만큼 필자의 영사 결과가 준 충격은 자못 큰듯 싶었다.
"조상이 죄를 지으면 자손의 대(代)에 가서도 벌을 받는다더니······그렇다면 우리 아들은 영 완쾌할 희망이 없단 말씀인가요?"

"아닙니다. 조상이 죄를 지어서 자손이 대신 벌을 받는게 아니라 이 아드님은 아주머니의 시할아버지가 재생(再生)된 것입니다."
"맙소사!"
부인은 두 눈을 감았다.
"그러고 보니 이 애의 생일이 바로 시할아버지의 제삿날입니다."
"아마 모습도 닮은 데가 있을 겁니다."
"네, 돌아가신 시아버지께서 그런 말씀을 하신 것 같습니다."
"그럼 어떻게 했으면 좋겠습니까. 선생님이 시키시는 일은 무엇이나 하겠습니다."
"조석으로 기도를 하십시오. 우리 아들이 아들과 같은 고통을 겪고 있는 사람들을 도울 수 있는 사람이 되게 하여 주소서 하고요."
"네. 그러죠."
"나쁜 원인에서 비롯된 나쁜 결과를 가장 효과적으로 없애는 방법은 그 세 배 가량 좋은 일을 하는 것입니다. 앞으로 살아가는 과정에서 말 한마디, 행동 하나에도 이웃을 돕고 사랑하는 정신이 투철한 사람이 되는 것만이 아드님이 이 고통에서 해방되는 가장 좋은 방법인 것입니다."
환자의 어머니는 크게 깨달았다고 몇번이나 치하를 하고 돌아갔다. 이 환자는 그뒤 몇번에 걸쳐 제령도 했고, 약 두달에 걸쳐서 체질개선의 시술을 받았다. 시술을 시작한 지 20일만에야 수면제를 복용치 않고 잠을 잘수가 있었다.
그동안 진동수도 정성껏 마셨다.
온 몸에 스며 있던 약물중독과 소년시절과 청년시절을 통해 누적된 정신적인 과로가 해소되자 이번에는 그렇게도 많이 잠을 자기 시작했다.
　만 하루, 그러니까 24시간을 꼬박 잔 일도 있었다.
　저능아 같던 표정이 사라지고 준수한 옛모습이 돌아왔다. 상당히 중증이어서 필자는 한때 가망이 없지 않나 하는 생각이 들기도 했던 만큼 그가 회복하는 것을 보니 여간 기쁘지 않았다.
　이제는 거의 노이로제 증상이 없어졌다고 생각될 무렵 필자는 제주도 여행을 할 기회[인간으로 재생한 돌고래 이야기 참조]가 있었다.
　그를 관찰할 기회도 가질 겸 필자는 이 환자를 데리고 함께 제주를 여행했다.
　여관방에서 밤을 꼬박 새우면서 세상만사에 대한 이야기도 나누었다. 줄곧 그는 정상적인 정신상태를 유지했기에 서울로 돌아온 뒤에 부모에게 그 사실을 그대로 보고했다.
　얼마 전에 바깥에 나갔던 아내가 이 환자를 만났다고 했다.
　"전혀 몰라볼 정도였어요. 밝은 얼굴에다가 아주 건강한 모습을 하고 있었어요. 요즘은 직장생활에 쫓기노라고 와서 인사드리지도 못한다고, 안부 전해달라더군요."

3. 얽힌 인연을 푼다

　우리가 보기에 세상에는 불합리한 일들이 너무나 많은것 같다. 부모 자식이나 부부의 경우를 보아도 원수처럼 지내는 이들이 많은 것을 보면, 왜 하필이면 이 세상의 하고 많은 남녀 가운데 저렇게 성격도 맞지 않고 인생관이 다른 사람들이 부부가 되어 지옥과 같은 생활을 하는 것일까, 또 원수처럼 서로 미워하는 아버지와 아들의 경우를 보아도 이런 감상이 절로 들곤 한다.

　그래서 마땅히 사랑하고 아껴야 될 사람들이 그토록 원수처럼 미워하면서 살아야 하는 데는 무엇인가 이 세상을 초월한 앞선 세상에서부터의 원인이 있지 않나 여겨질 때가 많다.

　그런 이야기들을 몇가지 차례로 소개해 볼까 한다.

1) 첫번째 이야기

　심령과학 시리즈《악령을 쫓는 비법》을 읽고 멀리 부산에서 한 부인이 찾아온 일이 있었다.

　"남편이 하고 있는 사업이 하도 잘 안되어서 혹시 저에게 나쁜 영혼이라도 붙어 있는지 알아 보라고 해서 왔습니다."

필자는 부인을 앞에 놓고 영사(靈査)했다.

다음은 그 부인과의 사이에 오고 간 문답 내용이다.

"바깥 어른이 두집 살림을 하고 있고, 그 여자에게서 아들을 얻었고, 또 결혼 전 부터 관계가 있었던 여자 같군요."

"네, 맞습니다. 저는 그런 줄도 모르고 중매결혼을 했는데 결혼하고 보니 남편에게 여자가 있었습니다. 아들까지 있는 처지라 남편의 간청에 못이겨, 아이를 입적도 시켰습니다. 다만 왜 그 여자와 결혼하지 않고 저까지 끌어들여서 불행하게 만들었는지 저는 그 점을 이해할 수 없습니다."

"그러시겠죠."

"남편 이야기로는 그 여자와 헤어지려고 무던히 애를 쓰는데 그 여자 편에서 놓아주지를 않는다는 것입니다. 그 점도 저는 잘 이해가 가지 않습니다. 남자가 싫어하면 헤어지는 것이지 어떻게 그럴 수가 있습니까?"

하고 부인은 반문을 했다.

"그것은 그럴 수도 있는 문제입니다. 사람의 인연이란 묘한 것이어서 그 인연이 몇 대(代)에 걸친 원인에서 비롯되는 경우가 많습니다. 그럴 경우에는 그 원인을 파헤쳐서 노출을 시키면 심층심리 속에 숨어있던 숨은 동기가 나타나서 해소되는 수가 있으니까요."

부인은 필자의 이야기를 잘 이해하지 못하는 것 같았다.

"가령 말씀입니다. 그 여자가 앞서 세상에서 바깥양반의 누이동생이었다고 합시다. 부인은 전생에서도 부인이셨구요. 오빠를 남몰래 사랑한 나머지 처녀로 일생을 보냈다고 합시다. 그럴 경우, 그 처녀가 다시 재생해서 전생의 오빠였던 사람을 만나서 사랑하게 되었다면 어떻게 되겠습니까? 댁의 경우가 아닌가 생각이 되는군요. 더 자세한 이야기는 내일 남편과 함께 오시면 해드리겠습니다."

다음날 부인은 남편과 함께 필자를 찾아왔다.
필자는 죄인처럼 얼굴을 들지 못하고 있는 이들 부부에게 다음과 같은 이야기를 들려 주었다.

중국 명나라 초, 지금의 호북성에 두개의 큰 무기상(武器商)이 있었다. 치열한 경쟁 관계때문에 한쪽 무기상에서 보낸 자객들에 의해 또 하나의 무기상은 그 일족이 멸했다.
때마침, 유모와 함께 외출해서 집에 없었던 어린 외아들 하나만이 기적적으로 목숨을 건졌다. 이때 아들의 나이는 여덟살이었다. 피바다 속에 비참하게 돌아간 부모의 시체를 앞에 놓고, 어린 소년은 하늘을 두고 맹세했다.
"제가 커서 훌륭한 검객이 되어 반드시 이 원수를 갚겠습니다."
소년과 유모는 급히 짐을 챙겨서 이 집을 떠나야만 했다. 이웃들에게 필요한 경비를 주고 부모의 장례를 치루어 줄것을 당부하고 말이다. 만일 이집 외아들이 살아 남았다는 소식이 전해지는 날에는 후환을 없애기 위한 두번째 습격이 반드시 있으리라고 생각되었기 때문이었다.
자기 집이 멀리 내려다 보이는 언덕 위에서 소년은 땅을 치며 통곡했다. 그것은 유모도 마찬가지였다. 이들은 밤낮을 도와서 걸음을 재촉했다. 고향에서 조금이라도 먼 곳으로 피하기 위해서였다.
이들은 호남성(湖南省) 어느 작은 마을에 정착했다. 갖고 온 패물들을 팔아 유모는 작은 음식점을 차렸고 소년은 근처 서당에서 글공부를 익히는 한편 도장에 다니면서 무술을 익히는 데도 게을리하지 않았다.
　소년이 열 일곱살 되던 해, 지나가던 검객의 제자가 되어 그는 깊은 산중으로 들어갔다.
　백운선생(白雲先生)이라고 불리우는 소년의 스승은 그 당시 중국 천지에 널리 이름이 알려진 검객이었다. 3년 동안 피나는 수련 끝에 그는 백운선생으로부터 모든 비법을 전수 받았다. 소년은 선생에게 작별을 고하고 우선 유모가 기다리는 집으로 돌아와야만 했다.
　그러나 돌아와 보니 집은 쑥밭이 되어 있었다. 비적의 일당으로 부터 습격을 받아 유모는 도령님만 찾으면서 죽었다는 것이었다.
　소년은 자기의 기구한 운명을 한탄하면서 눈물을 뿌리고 돌아가신 부모님의 한과 유모의 소망을 이루기 위해서도 원수를 찾아나서는 일을 곧 시작해야겠다고 굳게 결심했다.
　그러나 오랜 옛 기억을 더듬어 원수의 거처를 찾는다는 것은 생각한 것처럼 쉬운 일이 아니었다.
　10년이 지나는 동안, 소년의 아버지의 적수였던 무기도매상도 몰락하여 거처가 묘연해졌기 때문이었다. 소년이 원수를 찾아서 온 나라 안을 누비고 다니는 동안에도 세월은 거침없이 흘러 소년은 어느덧 늠름한 젊은이로 성장했다.
　산 속에서 길을 잃어 나뭇가지 위에서 잠도 잤고 무덤 곁에서 잠을 자다가 밤중에 습격해 온 들짐승과 싸우노라고 죽을 고비를 넘긴 것도 여러 번이었다.
　그러던 어느 해 늦은 가을이었다.
　젊은이는 깊은 산 속에서 산적들 일당의 습격을 받은 한 어여쁜 낭자(娘子)를 구해준 일이 있었다. 낭자의 이름은 옥낭(玉娘)이라고 했다. 마을에 사는 이모네 집까지 데려다 주는 동안, 그들의 눈길이 서로 오고 가면서 사랑의 싹이 움트게 되었다.

원수를 찾는 몸이기에 젊은이는 자기의 이름을 밝힐수 없노라고 했다. 다만, 오랜 숙원을 이루는 날 인연이 있다면 다시 만날 일이 있겠지요 하는 인사 한마디로 그들은 헤어져야만 했었다.

그로부터 다시 3년의 세월이 흘러 드디어 젊은이는 원수의 거처를 알아냈다.

그러나 막상 당도해 보니 소문에 듣던 옛날의 영화는 간곳이 없고 낡은 고옥(古屋) 안에 하인도 없이 원수는 해소병을 앓는 초라한 노인으로 변해 있었다.

젊은이를 보자 두려워하기는 커녕 오히려 반색을 했다.

"잘 찾아왔오. 내가 이승의 죄업에 대해서 속죄함이 없이 죽을 줄 알았더니 다행히 하늘의 보살핌이 있어 젊은이를 만나게 되었으니 어서 나를 죽여 주시오. 어서 지하에 가서 선친에게 사과할 수 있도록 해주시오."

노인은 눈물을 흘리면서 오히려 빨리 죽여 달라고 애원했다. 회개하고 죽기를 갈망하는 원수 앞에 선 젊은이는 그동안의 모든 집념이 봄눈 녹듯 스리지감을 느꼈다.

회개하고 죽기를 갈망하는 병든 노인을 죽이는 것은 아무런 뜻이 없는 일이라고 생각되었다.

오히려 그를 버려두고 떠나는게 원수를 갚는 길인지도 모른다고 생각하여 발을 돌리려고 한 순간이었다. 문이 열리면서 젊은이를 부르는 처녀의 목소리가 들렸다. 돌아다보니 그 전날 산 속에서 목숨을 구해준 일이 있는 옥낭 아가씨였다.

"선비님 저를 죽여 주세요. 저는 늙고 병들고 회개하고 계신 아버지를 선비님의 손에 돌아가시게 할 수는 없습니다. 그때 선비님이 구해주시지 않았더라면 저는 지금까지 살아 있지 못했을 겁니다. 그때 구해주시지 아니한 셈치고 저를 죽여서 부모님의 원수를 갚아주세요."

하고 옥낭은 젊은이 앞에 두 무릎을 꿇고 애원했다.

"그것은 이 몸 역시 마찬가지요. 그 전날 집에 있었더라면 이 몸 역시 여덟살, 어린 나이에 죽고 살아남지 못했을 것이오. 그뒤 이몸은 오직 부모님의 원수를 갚아야 한다는 일념으로 살아온 몸이었오. 이몸은 일이 이렇게 될줄은 몰랐었오. 옥낭 아가씨의 아버지를 죽이고 그 부하들 손에 죽을 것을 각오하고 온 것이었오. 그러나―."

"제발 더 이상 이야기하지 마세요. 저는 그날 부터 선비님을 사모하고 사랑하는 몸이 되었지만 어차피 이승에서는 맺지 못할 인연, 우리 다음 세상에는 정다운 남매가 되어서 태어납시다."

결국 두 젊은이는 이 자리에서 정사(情死)를 하고야 말았다.

한편, 이 젊은이에게는 어려서 부모가 정해준 약혼자가 있었는데 그녀는 일생을 홀로 보내면서 젊은이의 명복을 빌었고, 그것이 인연이 되어서 다음 번에는 젊은이의 부인이 된 것이었다.

또한 죽기 전의 간절했던 소망이 이루어져서 두 남녀는 다음 세상에서 이번에는 남매로 태어났던 것이었다. 그러나, 누이동생의 마음 속에는 전생(前生)에서 이루지 못한 사랑의 불길이 활활 타고 있었다.

부모가 정해준 약혼자가 있었음에도 불구하고 여인은 오빠를 남몰래 사모하면서 일생을 외로히 보내야만 했었다.

"그래서 이번에는 세번째로 만난 자리에서 이런 일이 생기게 된 것입니다."

필자의 긴 이야기가 끝나자, 남편은 아내에게 잠깐 자리를 피해달라고 했다.

부인이 바깥으로 나가자 그는 고백했다.

"선생님, 그 여자는 전생에서 누이동생이었을 뿐만 아니라 지금 세상에서도 동성동본인 8촌 누이동생입니다. 제가 그 누이네 집에 하숙을 하고 있었는데 어느날 술에 만취되어서 돌아와서 동생을 술집 여자로 착각하고 동침했던 것입니다. 그 한번의 실수가 어린애를 갖게 했고, 제가 아무리 타일러 그 아이를 지우려고 해도 허사였습니다. 우리는 법적으로 구제될 수 없다는 이야기도 했습니다. 그래도 아무 소용이 없었습니다. 제가 중매결혼을 한 것도 결혼하면 헤어져줄 줄 알았기 때문이었습니다. 그러나 결국 그것도 소용이 없었습니다."

"그럼 부인도 이런 사실을 알고 계신가요?"

"아닙니다. 제가 술집 여자를 건드려서 일이 그렇게 된줄 알고 있습니다. 8촌동생을 범했다면 아내는 아마 저를 인간으로 취급하지 않을 겁니다."

"부인에게 멸시당하는게 두렵다는 말씀이군요."

"그렇습니다."

"그렇다면 지금이 아주 좋은 기회입니다. 고백해서 사실을 사실대로 부인에게 알려드리고 부인의 협조를 얻게 된다면 이 문제는 해결이 될것입니다."

방안으로 다시 들어온 부인은 남편에게서 새로운 사실을 고백받고 소스라치게 놀라지 않을 수 없었다.

인간의 인연의 기구함과 몇대에 걸친 집념(執念)의 결과가 어떤 무서운 결과를 가져온다는 것을 깊이 깨닫는듯 했다.

"세분이 서로 얽힌 인연은 이렇게 지난 일들이 노출됨으로써 풀린 셈입니다. 말하자면 업장(業障)이 소멸된 것이지요. 과거의 원인을 알면 현재를 알게 되고, 또 그렇게 되면 미래의 운명은 얼마든지 새로 개척해 나갈 수 있는 것입니다."

두 부부는 고맙다고 인사를 하고 돌아갔다.

그뒤 이들로부터 아무런 소식이 없는 것을 보면 이들의 문제는 원만히 해결이 되지 않았나 여겨진다.

우리나라 속담에도 '무소식이 희소식'이라는 말이 있으니까 말이다.

2) 두번째 이야기

그러니까 1975년 늦은 가을이었다. K보험회사의 간부되시는 박동철(가명임)씨가 필자를 찾아왔다.

얼굴빛과 손의 색깔을 보니 간장(肝腸)기능이 상당히 좋지 않음을 알수가 있었고, 체질개선의 시술을 하니까 아니나 다를까 간장병 특유의 악취가 쏟아져 나왔다. 필자가 목이 메어 몇번이나 도중에 자리에서 일어설 정도였다.

그 결과 거의 기적적으로 불과 며칠 사이에 박동철씨는 얼굴이 복숭아 빛으로 뽀얗게 변하였고, 손바닥의 붉은 반점도 거의 그 모습을 알아볼 수 없게 희미해졌다.

여러 날 다니는 동안에 필자와는 꽤 친숙해진 어느 날, 박동철씨는 자기는 일찍 상처를 했고 10년을 호래비로서 어린 남매들을 키워왔으나 도저히 감당할 길이 없어서 다시 장가를 갔는데 부인이 조금 이해가 부족한 편이어서 전부인 아이들과는 따로 사는 처지라고 했다.
 "그러니 생활비도 더 많이 들고 참 힘에 겨웁습니다. 게다가 큰 아들녀석은 이상 성격자로서 도벽이 심해 학교도 중학교 밖에 졸업하지 못했습니다. 또 지금은 벌써 몇년째 행방불명이지요. 국민학교 5학년 시절에 누구에게 배운바도 없이 철사를 써서 금고를 열고 돈을 훔쳐내간 녀석이니까 타고난 도적이라고나 할까, 하여튼 제가 전생에 죄가 많은가 봅니다."
 하고 박동철씨는 사뭇 탄식만을 거듭했다.
 "그렇게만 말씀하실게 아닙니다. 박선생과 아드님과의 전생(前生)에서의 인연을 알게 되면 아드님의 도벽도 그 원인이 어디에 있는지 알게 되고 따라서 성격개선, 운명개선도 가능해집니다. 아드님의 사진이 있거든 가져와 보십시오. 제가 가능한 한 힘을 다해 보겠습니다."
 다음 날, 박동철씨는 행방불명된 아들의 작은 사진 하나를 갖고 왔다. 필자는 공신법(空心法)을 써서 사진을 놓고 영사(靈査)를 했다.
 "이거 큰일인데요. 사형수로 처형된 사람의 영혼이 빙의되어 있는 것 같습니다. 이대로 방치(放置)해 두면 범죄사건을 일으켜서 구속될 가능성이 있습니다."
 필자의 이 말에 박동철씨의 얼굴은 하얗게 질리는 것이었다.
 "어떻게 하면 좋죠."
 "이 사진 뒤에 박선생께서 직접 아드님의 이름과 생년월일을 적어서 저에게 맡겨 두십시오. 아마 모르긴 해도 앞으로 일주일 안에 아드님이 자진해서 나타나게 될 것입니다. 나타나거든 데리고 오십시오. 저녁때라도 상관이 없으니까요."

박동철씨는 시키는대로 아드님의 사진을 필자에게 맡겨 놓고 돌아갔다.

그뒤, 사흘째 되던 날 밤이었다. 오후 9시가 가까운 시간인데 벨소리가 울렸다. 저녁식사를 끝내고 막 쉬려던 참이라 필자는 약간 짜증이 났다.

"처음 오시는 손님이거든 내일 오라고 하구려."

하고 아내에게 이야기했는데 얼마 후 대문이 열리는 소리가 났다.

방에 들어오는 것을 보니 박동철씨가 구지레한 옷차람의 젊은이를 앞장세우고 '이거 밤늦게 미안합니다.'하는 것을 보니 사진에서 본 아들인게 분명했다. 필자도 일주일 안이라고 하기는 했지만, 이렇게 빨리 찾아올 줄은 정말 예상 밖이었다.

"길을 가다가 구두 뒤축이 물러나서 신발을 갈아신으려고 집에 돌아온 것을 붙잡아 왔습니다."

어물 어물하다가는 아들을 다시 놓칠까봐 조마조마했던 것이 분명한 어조였다. 필자는 부자를 앞에 앉혀 놓고 그들의 전생에서의 인연을 영사해 보았다.

"신라시대에 나물왕(奈勿王)이라는 왕이 있었지요."

"네 그런 것 같은데요."

"저도 지금은 잘 모르지만 역사를 조사해 보면 이 나물왕이 무엇인가 큰 일을 이룩한 왕 가운데 한 사람인게 분명할 것입니다. 제가 보기에 박선생은 전생에서 이 나물왕이었고 아드님은 군대 책임자로서 왕을 도와서 많은 공을 세우는 가운데 살생(殺生)을 많이 한게 분명합니다. 그 다음에는 임진란 시대인데 박선생은 결혼을 했다가 중년(中年)에 들어서서 처자식(妻子息)을 버리고 스님이 되었고 그때는 둘째 아

들이었던 지금의 아드님이 아버지와 함께 스님이 된 것이 또
한 분명합니다. 그 얼마 뒤에, 임진난이 일어나 승병(僧兵)
으로서 종군하면서 두 분은 많은 왜병들을 죽였습니다.
　부인은 자기를 버리고 스님이 된 남편을 몹시 원망했고,
다음 번 세상에는 틀림없이 자기가 받고 있는 고통을 남편에
게 맛보게 하리라고 별렀습니다."
　"알았습니다. 그래서 전처(前妻)가 일찍 세상을 떠나서 저
에게 그 많은 인간고(人間苦)를 안겨준 것이로군요."
　"그리고 아드님은 어머니 몸 안에 잉태될 때부터 악령들에
게 빙의가 되어 태어난 것입니다. 태어난 뒤에, 이 정도 빙의
가 되었다면 평생 정신병원 신세를 면치 못하는 것인데 어느
정도 면역성이 생겨서 이만한 것입니다. 앞서 세상에서 죽인
사람들의 원령(怨靈)들 작용으로 범죄를 저지르게 하고 패
가망신시켜서 복수하려는 것입니다."
　두 부자는 필자의 이야기에 경건하게 고개를 숙이면서 귀
를 기울일 뿐이었다.
　"그러니까 아드님에게 도벽은 없습니다. 그것은 어디까지
나 아드님에게 빙의된 악령들의 소행이지 아드님은 착한 사
람이라는 것을 아셔야 합니다. 피곤할 때면 도적질하고 싶은
욕망이 나지요."
　"네, 그렇습니다."
　"일을 저지르고는 언제든지 후회하지 않습니까."
　"저는 제 자신이 아주 싫어지곤 합니다."
　"맞았어요. 아드님의 마음은 한 번도 도적질 한 일이 없습
니다. 앞으로는 더욱 더 없을 것입니다. 제가 말한 이 이야기
를 믿으셔야 합니다. 그러지 않으면 구원은 없습니다. 본인
이 자기 자신을 도적이라고 생각하고 아버지가 그렇게 생각

하면 사회에서도 그렇게 대접을 하게 됩니다. 일이 커지기 전에 저를 찾아온게 정말 다행입니다."

방안에는 잠시 무거운 침묵이 흘렀다.

"아드님에게 체질개선 시술을 받게 하고 '제령'까지 하면 아드님은 다른 사람보다 열배 강한 생명력(生命力)을 가진 젊은이가 될 것입니다. 지압을 배우게 하십시오. 틀림없이 훌륭한 지압사가 될 것이고, 많은 사람들을 병고(病苦)에서 해방시켜 줄겁니다. 그러다가 때가 와서 체질개선 연구원이 조금 더 기구가 커지면 나와 함께 일하도록 합시다. 앞으로 수입도 좋을 것이고 처복도 있습니다. 좋은 부인을 맞게 될 것입니다."

하고 필자는 결론을 내렸다. 이날 이후 박동철씨의 아드님은 아주 다른 사람이 되었다고 한다.

YMCA에 있는 지압연구소에 열심히 다녔고, 지금은 지압사로서 활동하고 있다는 소식이다. 도벽도 완전히 사라졌고 사람의 인상과 인품뿐만 아니라 전날의 불량하던 모습은 전혀 찾아볼 수 없게 되었다고 한다.

체질개선은 곧 성격개선이고 이것이 운명개선으로 연결됨을 보여준 좋은 실례가 아닌가 한다.

3) 세번째 이야기

필자가 거래하고 있는 신탁은행 A지점 대리인 김순철씨(가명임)가 필자를 찾아온 것은 지난 해 늦은 가을이었다.

그는 얼른 보기에도 드물게 보는 건강체였다.

"안선생님께 꼭 좀 의논드릴 일이 있어서 왔습니다."

하고 서두를 꺼내놓고 그는 한동안 침묵을 지켰다.

제3장 원인과 결과 129

이윽고 그는 몹시 망서리다 마침내 결심했다는 듯한 어조로 이야기를 시작했다.
"제가 지금 나이가 설흔여섯인데 아직 총각신세를 못면하고 있습니다. 홀어머니와 누이동생 하나뿐인 단출한 식구고, 누이동생이 내년에는 대학을 졸업하니까 졸업한 뒤 결혼할 상대도 있고 해서 별로 걱정될 것이 없는 처지죠. 집도 크지는 않지만 그런대로 살아가는데는 별로 불편을 느끼지 않는 시내 중심에 있고요. 그런데 통 인연있는 여인이 나서지를 않는군요."
"여성 보는 눈이 너무 세련되어서 이상이 지나치게 높은 탓이 아닐까요."
"아닙니다. 얼마전에 시골 변두리 국민학교 선생님을(그의 고향이라고 했다) 중매인을 통해 선을 보고 저는 결혼할 의사를 굳혔는데 그게 뜻대로 되지 않는군요. 제가 신랑감으로서 부족한 이유가 무엇인지 그것을 좀 알았으면 좋겠어요."
하는 그의 표정은 사뭇 심각한 데가 있었다.
필자는 차분한 마음으로 그에 대한 영사를 시작했다.
"선생은 지난 전생에서 세 번에 걸저 스님 생활을 한 것 같습니다. 어머니로서의 인연이 있었던 분은 있지만, 결혼한 일이 없기 때문에 그것이 문제가 되어 있는 것 같습니다. 남이 보기에 선생은 스님 타입이라고 할까, 하여튼 딸 가진 부모가 보기에는 어딘가 불안감을 주는 것은 사실입니다."
"그럼 앞으로도 결혼할 희망이 영 없을까요."
"그런 것은 아닙니다. 업장을 소멸시키면 다시 말해서 체질개선, 성격개선, 운명개선이 될 수 있으니까 한 번 노력해 봅시다."

김순철씨는 그뒤 일주일에 걸쳐 체질개선을 받았다. 인상도 바뀌었고 성품도 많이 변한듯 했다.

"금년 내로 혼인이 되기 쉽습니다. 지금 마음에 들어하는 여성보다 결과적으로 좋은 분을 만나게 될 것입니다. 서로 정신과 운명의 싸이클이 안맞는 사람은 설사 결혼을 해서 일생을 함께 산다고 해도 서로를 인정하기 어려운 겁니다. 자기를 알아주는 남녀끼리 만나는게 행복의 시초라고 할 수 있으니까요."

"글쎄요. 지금 10월 초가 지났는데 앞으로 두 달 안에 결혼하게 되리라 하니 믿어지지가 않는군요. 혹시 약혼을 하게 된다는 것은 모르겠지만 말입니다."

"하여튼 두고 봅시다."

그뒤 필자는 김순철씨를 만나지 않았다. 그러나 마음 한구석에는 언제나 걸리는게 있었다.

체질개선이 운명 개선과 직결된다는 것은 그동안 여러 차례 경험한바 있지만, 그래도 막상 경험하기 전에는 불안감을 느끼는 것이 사람의 상정(常情)이 아닌가 싶다.

그러던 중에 12월 17일이 되었다.

18일 일본으로 떠나기에 앞서 신탁은행 A지점에 둘렀을 때, 김순철씨가 필자를 보더니 몹시 반색을 했다.

함께 다방에 가서 차라도 한잔 나눌 수 없느냐고 했다.

다방에 둘러 자리가 정해진 뒤였다.

"저 내일 코리아나 호텔에서 오후 2시에 결혼식을 올리게 되었습니다."

필자는 귀를 의심했다.

"아니 그게 정말입니까?"

"네, 사실입니다. 신부가 될 사람은 S공대 건축과를 졸업하고 그동안 2급 건축기사로서 8년 동안 기사생활을 했지요. 나이는 설흔 둘이고요."

"설흔 둘이라니……그 전에는 대학을 막 졸업한 규수만 찾지 않았던가요."

"그것이 옹졸한 생각이었음을 뒤늦게 깨달았습니다. 나이가 조금 많으면 어떻습니까? 마음의 파장(波長), 그러니까 정신의 싸이클이 맞으면 되지 않을까요?"

하고 김순철씨는 명랑하게 웃었다.

필자는 그의 마음이 크게 성장했음을 확인하고 여간 기쁘지가 않았다.

그러고 보니 전에는 분명히 느낄 수 있었던 스님 인상이 이제는 찾아볼 길이 없게 되었다.

4)네번째 이야기

필자가 심령과학 시리즈를 집필하면서부터 전혀 알지 못하는 많은 사람들로부터 편지가 오기 시작했고, 그 가운데에는 전혀 답장을 낼 가치가 없는 글도 많았으나 또한 아주 진지한 편지도 많았다.

이같은 진지한 편지를 보내온 사람들 가운데 경기도 화성군 오산읍에 살고 있는 박신일(朴信一)이라는 젊은이가 있었다.

하루의 일과가 끝나면 대개 저녁 7시가 넘는게 필자의 생활이어서, 그날 배달된 편지는 이때 한꺼번에 읽는 경우가 많다.

급히 답장을 할 필요가 있다고 생각되는 편지는 따로 표시를 해두었다가 일주일에 한 번씩 날을 정해 새벽에 일찍 일어나서 여러가지 답장을 한꺼번에 쓴다.

　어떤 편지는 노오트 조각에다가 깨알 같은 글씨로 써와서 이런 편지를 읽을 때는 적지 않게 고생하기 마련이다.

　필자를 희롱하는 그런 말투의 편지는 도중에서 읽다마는 경우도 더러 있지만 대부분의 경우는 끝까지 참고 읽는다.

　그러나 복잡한 질문에 대해서는 일체 편지로서 답장을 하지 않는 대신에 뒷날 책을 집필할 때의 질문 사항으로 인정하여 답장하기로 하고 있다.

　그런데 필자에게 날라든 편지들 가운데 박신일(朴信一)이라는 사람이 보낸 글은 진지한 데가 있었다. 그 내용을 여기에 그대로 소개해 본다.

　안선생님께 드립니다.
　안선생님 안녕하십니까?
　선생님께서 펴내신 심령과학의 책자 중에서 《악령을 쫓는 비법》에 관한 글을 읽고 많은 깨달음과 지식을 얻었습니다.

　저는 오래 전부터 저의 눈에 보이고 체험한 불가사의한 사실들을 어떻게 이해하고 받아들여야 할지를 몰라 고민하고 괴로워 했습니다.

　10여년 가까이 기독교에 몸을 담고 신앙생활을 해왔으나 기독교에서 주장하는 교리(敎理)나 사상하고는 좀 다르다는 것을 느껴 왔습니다.

　그리하여 교회에서의 신앙생활이 저의 영적인 진화(進化)의 퇴보를 자초하는 것 같아 근래에는 교회에도 출석 안하는 형편입니다. 그동안 심령과학 시리즈를 읽으면서 알듯 하면서도 모를 것 같은 여러 문제들을 혼자서 해결할 수 없어 이와 같이 붓을 들었습니다.

저는 불교신자는 아닙니다. 그러나 불교에서 주장하는 윤회설이나 여러 불경에 내포되어 있는 사상(思想)들을 저는 솔직한 심정으로 수긍하며 받아들이고 있습니다.

역시 기독교나 불교나 그 기본적인 뿌리는 같다고 생각합니다.

수천년의 세월이 흐르는 동안 시대의 변천과 역사의 소용돌이 속에서 오늘날의 기독교나 불교도 변질된 것이 아닌가 생각합니다.

자기 종파(宗派)의 권력과 이익만을 위해 스스로의 교리(教理)와 율법(律法)의 담을 높이 쌓고, 역시 그것들을 인간에게 강요함으로써 오히려 영혼들을 잘못 교화(教化)하고 있는 것이 아닐까요?

다시, 저의 본론으로 돌아가서 말씀드리려고 합니다.

제가 오늘날까지 풀지 못한 문제 가운데 첫째는 인간은 어떠한 목적에서 세상에 태어나는가?

둘째는 어째서 악(객관적으로 보았을 때)이 선(객관적 견지에서)보다 더 성공하며 세력을 얻게 되는가?

셋째로 어째서 인간의 고귀한 영혼 속에 악령이나 동물령, 기타의 영혼들이 침식해 들어오는가?

인간의 영혼(개개인이 지니고 있는)들은 이들 악령이나 동물령들을 스스로 퇴치하거나 접근하지 못하게 하는 능력을 왜 상실했으며, 그처럼 인간의 영혼은 무능한가?

네째로 영(靈)과 혼(魂)은 다르다고 생각하는데 선생님의 생각은 어떠하신지요?

혼의 세계를 심령과학에서는 유계(幽界)라고 말하는 것인지요?

기독교에서 예수님의 가르치심 가운데 천국(天國), 낙원(樂園), 음부(陰府), 지옥(地獄) 등으로 표현되어 있는 영의 세계가 있는데, 심령과학을 연구하시는 선생님은 어떻게 보십니까?

끝으로 《기적과 예언》에 쓰신 선생님의 종말론(終末論)에 저는 공감(共感)합니다.

또한 말세(末世)에 적응하고 살아남을 인간들은 어떤 인간들이어야만 한다는 뜻도 충분히 이해하며 그런 사상을 지니신 선생님께도 경의와 존경을 표합니다.

그러나 저는 심령과학은 종교적인 형태로 발전시켜서는 안되리라고 생각합니다. 다만 심령현상(心靈現象)을 연구하고 능력을 개발하는 단체들이 많이 생기기를 바랄 뿐입니다.

저 역시 심령과학에 대해서 올바른 지도와 정진을 원하는 사람들 가운데 하나입니다. 선생님의 바른 지도와 조언(助言)이 있으시기를 바라마지 않습니다.

그리고 선생님을 직접 뵙고 싶습니다.

아무 때라도 찾아가면 뵈올 수 있는지요?

제가 알기로는 체질개선 시술로 몹시 바쁘신 것 같습니다.

저는 아무 때라도 시간을 낼 수가 있는 몸입니다.

그럼 선생님의 가르침을 기다리며 이만 붓을 놓겠습니다.

12월 22일
박 신일 올림

필자가 박신일씨가 보낸 서신을 공개하는 데는 두 가지 이유가 있다.

하나는 이 편지 속에 쓰여진 몇 가지 의문들이 그동안 필자에게 보내온 많은 독자들이 갖고 있는 의문을 대표하고 있다는 것과 둘째는 이제부터 이야기하려는 박신일씨의 영사(靈査)결과를 이해하는데 큰 도움이 되리라고 생각되었기 때문이다.
 우선 박신일씨가 필자에게 던진 질문[그것은 많은 다른 독자들이 한결같이 느끼고 있는 의문일 것이다]에 대하여 하나 하나 해명해 볼까 한다.
 박신일씨가 던진 첫번째 질문은, 인간은 어떤 목적을 지니고 이 세상에 태어나는가? 하는 것이었다.
 이것은 다소 생각하는 능력을 가진 사람이라면 누구나 일생을 살아가는 가운데 한 번은 반드시 갖게 되는 의문이 아닌가 생각된다.
 필자 자신도 어린 시절, 박신일씨가 느꼈던 것과 똑 같은 생각을 가졌던 것으로 기억한다.
 물론, 그때의 이 질문은 그 자체가 미궁(迷宮) 속을 헤매는 것과 같은 결과 밖에 가져 오지 않았던 것이 사실이었다.
 그러나 그뒤 여러가지 인생의 고경(苦境)을 당하고 마흔이 훨씬 넘은 후, 필자가 영능력자(내지는 영각자)가 된 뒤 어느 날 갑자기 깨닫게 되어 그 해답을 얻을 수 있었던 것도 또한 사실이었다.
 이제까지의 모든 사람들은 인간을 육체로 보고 생각해 왔기에 얼른 해답이 나오지 않았던 것이라고 생각된다.
 인간의 본질은 육체에 있는 것이 아니오, 그 육체 속에 들어 있으면서 육체를 움직이고 있는 생명체(生命體)[그것을 예전 사람들은 영혼이라고 불렀으나 필자는 '전자파 에너지 생명체'라고 한다]가 본질이라고 필자는 생각한다.
 우리가 볼 때, 70을 살다가 늙어서 죽는 인간은 노인이지만, 그 영혼도 반드시 저마다 그 외모와 같이 원숙한 경지(境

地)에 이른 것은 아님을 알아야 한다.

　인류 역사를 볼때, 개인으로서는 성인(聖人)의 경지에까지 도달한 분도 많았던 것이지만, 인류라는 전체를 놓고 볼 때 아직도 어린 생명, 길거리에서 욕망대로 뛰어노는 다섯살 먹은 어린이에 지나지 않는다고 필자는 생각한다.

　1천만년이나 또는 그 이상의 몇 억년이라는 긴 수명을 가진 에너지 생명체인 영혼이, 우리가 육체라고 부르는 껍질 속에 싸여 1만 2천년을 윤회해 보았자, 그들 영원을 사는 영혼으로서는 겨우 유치원 정도를 졸업한 단계에 지나지 않는 것이다.

　인간이란 그 본질에 있어서, 영원을 사는 영혼인 '에너지 생명체'인 것이며, 우리가 살고 있는 이 푸른 지구는 완성된 어른인 영체인간(靈體人間)들이 관리하고 있는 유치원에 지나지 않는 것이라고 필자는 생각한다.

　심령과학에서 말하는 유계(幽界)다, 영계(靈界)다 하고 말하는 세계도 영체인간들이 그들의 자식인 어린 생명을 교육시키는 세계에 지나지 않으며, 역사상에 나타난 부처나 예수는 그런 완성된 영체인간의 세계에서 파견된 유치원 보모와 같은 선생이 아니었던가 생각된다.

　영원(永遠)을 사는 '에너지 생명체'인 영체인간의 입장에서 볼때, 인간이 지닌 1만년 내외의 역사는 아무 것도 아닌 순간에 지나지 않는 것이며, 영생(永生)하는 '에너지 생명체'는 그 어린 시절이 아주 길게 마련이어서, 이 우주의 법칙을 완전히 깨닫게 되기까지는 한없이 반복적으로 태어날 필요가 있고, 유계나 영계를 관장하는 그들 어른들의 관리 아래 놓여 있는 것이라고 필자는 생각한다.

　우주복을 입지 않고서는 우리가 달나라에서 잠시도 살 수 없듯이 '에너지 생명체'인 영혼도 육체의 도움없이는 물질세계에서 많은 경험을 쌓을 수가 없는 것이 분명하다.

인간의 육체는 어느 때인지 모를 아득한 옛날, 누군가의 손에 의해 만들어진 것도 또한 분명한 사실이라고 필자는 생각한다.

수많은 사람들에게 체질개선을 해 주는 과정에서 필자는, 인간의 육체가 정밀하기 이를데 없는 하나의 생화학적(生化學的)인 인조인간[여기서 인조인간을 만든 것은 완성된 영체인간들이 아니었던가 한다]에 지나지 않는다는 것을 깨달았던 것이었다.

그토록 오랜 세월이 흐른 지금에 이르기까지, 그 많은 선각자(先覺者)들이 일생을 통해 인간이 무엇인가를 연구해 왔음에도 불구하고 아직도 인간의 비밀을 알아내지 못한 이유는 만들어진 자가 지닌 지능의 한계 때문이 아니었던가 한다.

필자 자신이 의학도도 아니고, 또한 종교인(宗敎人)이나 철학을 전공한 사람이 아닌데 어느날 갑자기 인간의 정체가 무엇임을 깨닫게 된 이유는 다음 몇 가지의 이유 속에 포함되어 있으리라고 생각한다.

첫째, 필자는 보통 사람들과 똑 같은 육체를 지녔었지만 그 영혼은 인간을 창조한 우주 생명체로부터 어떤 교육을 받아 특별한 사명을 띠고 태어난게 아닌가 하는 것이다.

둘째는 필자의 영혼은 지구인이 아니며, 어떤 다른 먼 천체(天體)에서 온 이른바 우주인으로서 그들 세계에서는 하나의 상식에 지나지 않는 지식을 심층심리에 심고 지구인으로서 재생(再生)하여 공해문명 때문에 멸망해 가는 인간들에게 어떤 경고와 탈출방법을 가르쳐 주기 위한 사명을 띠고 태어난 것이 아니냐 하는 것이다.

 필자로부터 '체질개선'의 시술을 받고 난치병이 쾌유되며 노인이 젊어지고, 성격에 변화가 생기고 운명이 바뀐 예, 나이 50이 넘는 사람이 겉으로 보기에도 식별하기 쉬울 정도로 머리 모양이 바뀐 예들을 볼때, 필자는 필자 나름대로 그런 추리를 하게 된 것이다.

 아니면 필자의 영혼은 이 지구에서 가장 오래된 영혼들 가운데 하나임이 분명하다.

 생리적(生理的)으로는 아직 50대(代)도 안되었건만 사람들의 영사(靈査)를 통해 그들의 과거를 때로는 몇천년 전 옛날로 거슬러 올라가 보는 일이 있는데 이런 능력을 행사할 때마다, 필자는 자기 자신이 굉장히 오랜 세월 윤회하며 살아온 인간임을 뼈저리게 느끼곤 한다.

 필자는 이 목숨 다하는 날까지 하늘이 준 사명을 다하기 위해 최선을 다할 각오가 되어 있다. 필자의 소망이 무엇이냐고 누가 묻는다면, 다시 태어나지 않게 되었으면 하는 것, 아니 완전히 존재하지 않는 상태로 돌아가고 싶다는 것 뿐이다.

 아무 것도 인식할 수 없는 영원한 휴식, 그것만을 원하고 싶은 것이다.

 다른 많은 사람들은 영혼이 영생(永生)하는 존재이며 인간은 죽음을 넘어 몇 번이고 거듭 태어날 수 있다는 사실을 알게 될 때, 안심과 기쁨을 느끼고 죽음을 두려워하지 않게 되는 모양이지만 필자의 경우는 그 반대였었다.

 오히려 실망이 컸다고나 할까?

 지난 날, 작가로서 쓴 작품들 가운데 《어느날의 아담》이나 《益春》 같은 것이 있는데, 여기에서 필자는 몇 번이고 되풀

이해서 죽음과 영원한 휴식을 갈구하는 인간의 마음을 묘사한 것도 같은 동기에서였다고 할 수 있다.

하나님은 전지전능하신 분이지만, 하나님 자리를 다른 그 누구에게도 양보할 수 없다는 어쩔 수 없는 숙명을 그 자체 안에 지니고 있다는 점에서 가장 부자유한 처지에 놓여 있는 분이라고 생각한다.

인간은 왜 태어나는가?

한 마디로 물질우주의 법칙을[이 물질우주는 전체 우주의 극히 일부분에 지나지 않는다고 생각된다] 몸소 터득하여 좀 더 진화된 영체인간(靈體人間)으로 자라기 위한 과정에서 필연적으로 밟아야 하는 경로라고 생각된다.

다음은 선과 악에 대한 질문에 대해 대답할까 한다.

선(善)과 악(惡)을 놓고 볼때, 어째서 이 세상에서 악이 번성하고 선은 항상 패배자의 자리에 서느냐 하는 흔히 누구나 갖게 되는 의문에 대한 대답은 이렇다.

선(善)이란 전체와의 조화를 이루는 가운데 자기 자신을 내세우려는 정신이고, 악(惡)이란 자기 욕망의 충족만을 위해서는 타인을 해쳐도 좋다는 정신에서 출발한 일체의 행위를 말한다고 본다.

우리가 살고 있는 이 우주의 법칙을 알게 되면[그것은 공존의 법칙이다] 사람은 절대로 악해질 수가 없는 법이다.

악인이란 상대적으로 어린 생명이다.

그는 우선 자기 욕망대로 사는 가운데 한 번은 뜻을 이루지만 결국은 어떤 형태로든 처벌을 받게 마련이다. 가령 수단방법을 가리지 않고 타인을 짓밟고 올라가서 잠시는 권세와 돈을 갖게 되지만, 당뇨병, 고혈압, 암과 같은 중병을 앓게 되거나 또는 그가 가장 사랑하는 가족들이 여러 가지 형태의 불행을 당하게 된다.

당대에 그런 현상이 일어나지 않으면, 다음 자손의 세대(世代)에 가서라도 틀림없이 좋지 않은 변화는 오게 마련이다. 짧은 안목으로 볼때, 악이 승리를 거둔 것 같지만 긴 안목으로 보면 여지껏 인류 역사에 악이 끝까지 번성한 예는 한번도 없는 것이다.

인류를 국가 단위로 볼 때도 마찬가지라고 생각한다.

지난 날에도 이웃을 침략하고 짓밟은 나라는, 결국에 자기가 준 고통을 스스로 물려 받아야 했던 것이므로, 이제는 전인류가 크게 깨닫고 하늘의 섭리인 조화의 정신을 터득하며 전체적으로 착하게 변하지 않으면 전인류는 반드시 멸망하게 되어 있고, 또 지금 이 순간에도 쉴새없이 멸망을 향해 줄달음치고 있는 것이 사실일 것이다.

누군가가 또는 어떤 큰 세력이 여기에 대해 제동을 걸지 않는다면 결국 오늘날의 인류는 반드시 멸망하게끔 되어 있는게 오늘의 현실이다.

개인이나 국가나 또는 전인류의 단위에서도 이웃과의 조화, 주위환경과의 조화를 이루지 못하면 스스로 이 물질 세계에서 사라져야만 한다는 이 철칙을 이해한다면 박신일씨의 질문에 대한 대답은 절로 나오리라고 생각한다.

악(惡)은 잡초와 같이 그 자체의 생명력이 왕성하기에 다른 화초들을 짓밟고 온 마당을 메꾸지만, 결국 정원사의 손에 의하여 뿌리채 뽑히게 되는 것이다.

한 때는 번성할지라도 몰락도 빠른게 악이라고 생각된다.

세번째 질문, 어째서 인간에게 악령이 빙의되는가, 어째서 스스로의 힘으로 이것을 막을 수 없는가?

이에 대한 대답도 아주 간단하다. 이 세상은 파장(波長)의 세계이다. 같은 종류끼리 어울리게 되는게 세상의 법칙이다. 본인이 악한 생각을 항상 갖게 되면, 그 당사자와 마음의 파장이 같은 악령이 쉽게 빙의하기 마련이다.

악령이 빙의되면 빙의 당한 사람의 성격에 변화가 생긴다.

악한 짓을 하게 되고 그 결과 여러 가지 형태의 처벌(형벌과 난치병 등)을 받게 된다.

자신의 불행의 원인을 깨닫게 되면서 애써서 마음을 개선하고 올바르게 살려고 크게 노력하면 악령은 자기와 파장이 맞지 않기 때문에 자연이 떠나게 된다.

현대인은 대체로 '영혼'이라는 것이 존재한다는 것, 우리 눈과 오관으로 느낄 수 없는 세계가 더 크다는 것을 모르고 있기 때문에 악령의 빙의에 대해 전혀 무방비한 상태에 놓여 있는게 사실이다. 항상 몸과 마음을 깨끗이 갖도록 노력하면 마음은 항상 조화된 상태를 이루게 되고 그렇게 되면 선령(善靈)들이 보호령이 되어 지켜주기 때문에 그 사람은 불행의 소용돌이 속에 빨려 들어가는 일이 없다.

미움과 고움은 제 할 탓이라는 우리나라 속담이 진리임을 다시 한 번 밝혀 둔다. 악하게 살아서 큰 돈을 번 사람이 생애의 마지막에 위암 같은 병에 걸려서 물도 마실 수 없는 상태가 되어 고통을 받는 것을 볼때, 그는 가난하고 건강한 사람보다 얼마나 불행한 인간인가?

권력과 돈은 허무한 것, 생활의 한 수단으로서 어느 정도 필요한 것이지, 인생의 목적이 될 수는 없다고 본다. 황금을 탐낸 나머지 무엇이든 손만 닿으면 황금으로 변하게 된다는 미다스왕이 굶어 죽게 된 이야기는 오늘날에도 변함없는 진리라고 생각한다.

박신일씨가 어느 날, 부인과 함께 필자를 찾아왔다.

부인과는 오다가다 만난 사이이고, 그들은 헤어지기 일보 직전에 놓여 있었다. 그러나 이들 부부를 놓고 영사를 해보니 그들은 3세에 걸친 인연이 얽힌 사이였다. 첫번째 인연은 그의 부인이 구라파로 처들어간 몽고군 사령관의 한 사람이었고, 박신일씨는 그를 따르는 박수무당이었다.

사령관은 많은 여인들을 짓밟았다. 이때마다 박수무당은 충고를 했다. 그러나 포악한 사령관은 충고를 하는 부하의 다리를 부러뜨리는 것으로서 대답하는 것이었다.

다음 번에 사령관은 여자로 태어났고, 박신일씨와는 남매의 사이였다. 어머니는 산고(産苦)로 말미아마 아들을 낳으면서 죽어 갔다. 죽어 가면서 자기를 죽게 만든 자식을 원망했다. 그 어머니가 현재의 박신일씨의 어머니요, 그들 모자의 사이는 악인연이라고 할만큼 좋지 않았다. 손 위 누이는 어려서부터 병약한 동생을 어머니 대신 키웠고, 동생을 위해서 나중에는 기생이 되기까지 했다.

다음은 현재의 경우이다.

박씨의 부인은 귀가 잘 들리지 않는다. 노름꾼인 첫 남편에게 시집가서 여러 해 동안 끔찍스러운 고생을 겪어야 했고 다음에는 소매치기 두목에게 길거리에서 납치되다시피 하여 여러 해 동안 수렁 속을 헤매야만 했었다.

박씨와는 술집에서 만나 알게 되어 맺어진 사이였다. 그런데, 처음 필자를 찾아왔을 때 그들 부부는 인연을 맺은 것을 후회하고 있었고, 헤어지기 일보 직전이었다. 한편 부인은 임신한 몸이었다.

박씨는 아기를 유산시키려고 했으나 부인은 반대였다. 의사 이야기는 유산을 시키면 산모의 목숨이 위험하다고 했다.

"내 이야기를 잘 들으세요. 두 분은 지난 전생(前生)에서 두번에 걸쳐 깊은 인연이 있습니다. 부인의 전 남편들은 하나같이 몽고군 사령관이었을 때 짓밟고 버린 여자들이 남자로 재생한 모습입니다. 아무런 이유없이 고통을 당한다는 것은 있을 수 없는 일입니다.

또 박신일씨의 현재 어머니는 전생에서 박신일씨를 이 세상에 태어나게 하기 위해 꽃다운 스스로의 목숨을 버린게 분명합니다.

두 번씩이나 모자의 인연을 맺고 태어난다는 것은 결코 흔한 일이 아닙니다. 어머니에게 효성스러운 아들이 되세요."

"알겠습니다."

"지금 부인을 유산시키면 아마 의사의 판단대로 부인은 죽기가 쉽습니다. 그러면 박신일씨는 그뒤 양심의 고통에서 헤어나지 못할 것이고, 결국 이로 말미암아 폐인이 되거나 자살하게 되기가 쉽습니다. 이른바 심령의 세계가 무엇인지 안다는 사람이 그래서야 되겠습니까?"

그들 부부는 고개 숙여 필자의 이야기에 귀를 기울여 주는 듯 했다.

얼마 뒤에 박신일씨에게서 다시 편지가 날아들었다.

새로운 마음으로 재출발을 하게 되었다는 이야기였다.

필자는 생각한다. 그가 어디서 무엇을 하든 올바른 마음을 지니고 비록 평생을 가난하게 지내는 한이 있더라도 가족들끼리 서로 마음을 굳게 뭉친 그런 상태에서 살아준다면, 그것이 행복이 아니겠는가?

오늘이 지난날의 생활의 결과일진대, 오늘을 잘 산다는 것은 다음 번 세상의 좋은 원인을 만든다는 것을 누구나 명심할 필요가 있다.

제4장
난치병과 영능력자

1. 어느 목사님의 이야기

도저히 현대의학으로서는 치유 불가능에 가까운 난치병 환자들은 많다.

20년 된 고질적인 축농증이라든가, 좋아지지도 않고 그렇다고 악화되어서 얼른 죽지도 않는 결핵·간질·관절염 등, 이런 난치병 환자들 가운데는 체질개선의 시술을 받음으로써 그 완고한 질병에서 해방되었을 뿐만 아니라 뛰어난 영능력자로 변모된 예가 많다.

하늘이 훌륭한 영능력자를 길러내기 위해 호된 시련을 준 것이라고나 할까, 그런 이야기를 몇가지 차례로 소개해 볼까 한다.

지난 해 초여름이었다.

하루는 서울에서 멀리 떨어져 있는 어느 낙도(落島)에서 작은 교회를 맡아보고 계시다는 박성도(朴聖道) 목사님(그분이 교역자(教役者)이기 때문에 신분에 어떤 문제가 생길까 싶어서 여기서는 가명을 쓰기로 한다)에게서 필자에게 장거리 전화가 걸려 왔다.

《심령과학》시리즈를 읽고 깊은 감명을 받았다고 하시면서 한번 찾아가도 좋겠느냐는 문의 전화였다.

제4장 난치병과 영능력자   147

　필자는 본시 창조주(創造主)가 계심을 믿을 뿐, 그밖에는 초종파주의자(超宗派主義者)이기 때문에 누구에게나 문은 열어놓고 있는 처지였다.
　물론 쾌히 승락했다. 그뒤 얼마 있다가 박성도 목사님이 필자를 찾아왔다. 체구가 작으마한 여윈 몸매에다가 안경을 쓰신 그런 분이었다. 서로 인사가 끝나고 자리가 정해진 뒤였다.
　필자는 늘 하는대로 별 생각없이 박목사에 대해 영사를 했다. 영사를 하고 소스라치게 놀라지 않을 수 없었다. 그는 전생(前生)이 기독교인으로서 성인급(聖人級)에 속하는 거성(巨星)이었기 때문이었다.
　물론 한국인은 아니고 외국인이었다.
　이름만 대면 누구나 믿기 어려운 그런 분인게 분명했다.
　필자는 혹시 영사를 잘못한게 아닌가 했으나 그렇지는 않은 것이 분명했다.
　"저는 목사로서 오랫동안 낙도에서 일해 왔습니다. 좋지 않은 기후 속에서 일한 탓인지 축농증을 벌써 20년째 앓고 있습니다. 두번이나 수술을 받았는데 재발을 했고, 또한 다발성 관절염때문에 지금껏 고생을 하고 있고 눈도 심한 난시(亂視)여서 안경없이는 다니지를 못합니다. 이런 질병들도 체질개선법을 시술받음으로써 치유될 수 있을까요?"
　"네, 목사님의 경우는 다른 사람들과는 달라서 순전히 심령적인 원인에서 생긴 병인게 분명합니다. 우선 목사님은 당신이 누구였는지를 모르고 계실 뿐 더러 아직껏 우주의 진리(眞理)에 대해서 바로 보고 계시지를 않습니다. 이것이 난시가 된 원인이고요, 축농증은 남모르게 가슴속에 간직하고 계신 하나님께 대한 불만 탓입니다. 관절염은 하나님이 이미 능력을 주셨는데 신도들을 위해 베풀고 있지 않기 때문에 몸 안에서 이변(異變)이 일어난 때문입니다. 이른바 성령(聖靈)의 힘이 들어와 있는데 그 힘을 쓰고 있지 않기 때문에 생긴 질병이라고 생각됩니다."

필자는 여기서 잠시 말을 끊었다가 박목사에 대한 영사 결과를 이야기해 주었다.

그도 몹시 놀라는 모양이었다.

"이것은 육체인간인 안동민이가 하는 이야기로 들으시면 안될줄 압니다. 박목사님의 보호천사가 저를 통해서 알려드리는 이야기로 들으시면 틀림없을 것입니다."

그 말을 하는 순간, 필자는 온 몸이 찌르르해짐을 느끼지 않을 수 없었다. 나중에 들으니 박목사도 똑같은 이상한 충격을 받았노라고 했다.

"체질개선 시술을 지금 한번 해드리면 목사님은 이 자리에서 그 세가지 난치병에서 해방될게 분명합니다. 원인이 심령적인 것인만큼 박목사님이 깨닫는 것이 첫째고, 시술은 그동안 막혀 있었던 신경회로를 뚫어주는데 지나지 않는 것입니다. 아마 어쩌면 내일부터 시술능력이 생기기 쉬울 것입니다. 신중을 기하기 위해서 능력이 생겼는지 여부는 가족들을 상대로 실험해 보도록 해보십시오."

이날 필자의 예견대로 박목사에게는 이른바 기적이 일어났다. 필자의 확신과 그의 믿음의 싸이클이 완전히 일치된 때문이 아닌가 싶었다.

20분에 걸친 체질개선의 시술을 받고 자리에서 일어난 박목사는 이미 조금 전의 그가 아니었다. 난시 교정 안경을 쓰니 오히려 어지러웠고 머리가 아프다고 했다. 안경을 벗고도 모든 것이 정상으로 보였고, 축농증과 관절염 증세도 말끔이

가신듯 했다.
 그동안 수많은 사람들을 체질개선을 시켰지만 이런 일은 필자로서는 처음 겪는 일이나 다름없어서(그동안에도 백명에 한명 비율로 이런 비슷한 일이 있기는 했다) 매우 감격스러운 일이 아닐 수 없었다.
 이날 우리는 앞으로 해야 할 일들에 대해서 많은 이야기를 나누었다. 종파(宗派)를 초월해서 공해(公害)때문에 멸망의 길로 접어든 인류를 아주 적은 수효만이라도 체질개선 시술로 살아남을 수 있게 해야 한다는데 박목사는 필자와 완전한 의견일치를 보았던 것이다.
 그 후, 이틀 뒤가 아니었던가 한다.
 박목사에게서 다시 정거리 전화가 걸려 왔다. 집안 식구들에게 체질개선 시술을 했더니 한결같이 놀라운 성과를 얻었다고 했고, 우체국 국장이 고혈압으로 쓰러져서 거동을 하지 못하던 것을 한번 시술로 출근할 수 있을 정도로 병세를 호전시켰다는 보고였다.
 박목사는 이뒤 일주일에 한번씩 필자를 찾아와서 그동안 시난 일들을 알려주곤 했었다. 섬의 우물에 진동을 넣어서 진동수를 만들었고, 그 우물물을 마시고 많은 병자들이 회복되었다는 이야기는 특히 감명깊었다.
 "두 우물에 진동을 해주었는데 한 우물물이 변했다는 소식이 알려지자, 두번째 우물물에서는 진동을 하고나자 마을 사람들이 벌떼같이 몰려들어서 그 자리에서 우물은 바닥이 말라버렸고 그뒤 솟은 물은 전과 같았습니다."
하고 박목사는 통쾌하게 웃었다. 박목사님의 초인적인 행적은 주위에 큰 파문을 던졌고 급기야는 기독교의 정식 목사로서 이단(異端)이 아니냐는 비난도 듣게 되었노라고 했다.

처음에는 필자로 부터 여러가지 교육을 받았던 박목사가 몇달이 지나자 이번에는 반대로 필자에게 여지껏 몰랐던 일을 가르쳐 줄 정도가 되었다.

그중 한가지 간단한 예를 여기 소개해 볼까 한다. 하루는 박목사가 필자를 찾아와 이런 이야기를 들려 주었다.

"남편은 고혈압이고 부인은 심한 당뇨병을 앓고 있는 부부가 있었는데 영사를 해보니까 이들의 잠자리에서의 위치가 잘못되어서 에너지의 역류(逆流)현상이 일어나고 있는게 그 원인인 것 같더군요."

"어떻게요."

"남편은 왼쪽에, 아내는 바른 쪽에 자는게 정상인데 이들은 그 반대였지요. 잠자는 동안, 남편에게서 풀러스 에너지가 아내에게로 흘러야 하는데 그 반대였으니까 병이 생길 수 밖에요"

박목사에게서 이 이야기를 듣는 순간, 필자는 무릎을 쳤다. 부부관계란 본시 생명에너지의 교류현상이라는 것, 남자에게 남아 돌아가기 쉬운 풀러스 에너지를 여자에게 배급주고 여자에게 남아 돌기 쉬운 마이너스 에너지를 대신 공급받아서 그 결과 정신과 육체의 균형을 유지시켜 주게 된다는 사실은 전부터 알고 있긴 했지만, 잠자리에서의 눕는 위치가 달라짐에 따라서 '생명 에너지'의 역류현상(逆流現象)이 일어나고 그런 현상이 장기간 계속되면 부부가 다같이 병들게 된다는 것을 박목사에게서 듣고 처음으로 알게 된 사실이었기 때문이었다.

그리고 또한, 이것은 필자 자신에게도 해당되는 일이기도 했다.

막내가 태어난 뒤로 어느덧 우리 부부는 잠자리의 위치가 달라져 있었고 그때문에 필자는 자고 난 뒤에도 언제나 몸이 개운치 않은 느낌이었고, 아내는 코밑이 항상 종기 비슷한 것이 나서 없어지지 않았다.

그날부터 잠자리의 위치를 바꾸었더니 불과 열흘 안에 아내의 코 밑의 부스럼이 자취도 없이 사라지고 필자의 아침마다 상쾌하지 못했던 기분도 깨끗이 없어졌다.

옛날부터 남좌(男左) 여우(女右)라고 한 말이 분명히 근거있는 이야기임을 박목사 덕분에 깨닫게 된 셈이었다.

박목사의 영적(靈的)인 진화는 실로 놀라운 바가 있었다.

일주일에 한번씩 박목사를 만나는 것이 필자에게는 생활에서 큰 보람이 되었다.

이렇게 두어달이 지난 뒤였다.

박목사의 소개로, 필자에게서 체질개선의 시술을 받은 K장로라는 분이 하루는 자기가 속해 있는 교회연합회 주최로 대천(大川)에서 연수회가 열리는데 전국 교회의 교역자들이 모이니 출장을 와서 '체질개선의 원리'에 대한 세미나를 해줄 수 없겠느냐는 청을 받았다.

처음에는 필자도 가볼까 했으나 다시 조용한 마음으로 생각을 해보니 이 자리는 필자가 나설 자리가 아니며, 박목사로 하여금 대리로 세미나를 열게 하는 것이 좋겠다는 결론이 내려졌다.

그대신 필자는 체질개선의 원리에 대해서 박목사와 대담 형식으로 녹음을 해서 그 녹음 테잎을 보내기로 했다.

"전국 교회의 교역자들 앞에서 체질개선의 원리를 설명하고 실습해 보일 수 있는 좋은 기회라고 생각됩니다. 박목사님이 터득한 능력을 선보일 수 있는 다시 없는 좋은 기회니까 최선을 다해 보십시오."

하고 세미나에 떠나기 전 필자를 찾아온 박목사를 격려하는 것을 잊지 않았다.

세미니가 끝난 뒤 박목사가 필자를 찾아와 알려준 이야기 가운데에는 실로 놀라운 사실들이 많았다.

낮에 다른 분의 강연에 참석했던 박목사가 왜 그런지 숙소로 돌아가고 싶은 강력한 충동을 느껴 돌아와 보니 손님 한 분이 아무도 없는 방 안에서 괴격이 되어 몹시 고통을 받고 있더라는 것이었다.

박목사가 손을 대어 곧 관격은 가라앉았는데, 그날 밤 열두시가 다 되어서 교회의 총책임자가 갑자기 관격을 일으켜서 사경을 헤매게 되었다는 것이었다.

집사들은 모두 박목사를 찾았고 박목사는 교회, 총책임자의 머리위에 손을 얹고 기도를 한뒤 시술을 했더니 순식간에 관격이 가라앉았다는 이야기였다.

"낮에 같은 종류의 병을 앓은 환자를 치유시킨 경험이 없었던들 저는 감히 총책임자의 머리에 손을 얹고 기도를 하지는 못했을 것입니다. 말단교회의 이름없는 목사의 신분으로 총책임자의 머리에 손을 얹고 기도했다는것은 우리 K교회 역사상 없던 일입니다."

또한 J교회의 장로 한분이 중풍으로 고생을 하고 있었는데 왜 그런지 이분에 대해서는 체질개선의 시술을 할 마음이 안 생기더라는 것이었다.

"박목사님은 벌써 세번이나 저를 뒤로 미루셨습니다."
하고 몹시 섭섭해한 그 분이 그 뒤 불과 30분 뒤에 바닷가에 나갔다가 졸도해서 병원으로 실려가는 도중에 숨을 거두었다는 것이었다.

"그 장로분은 이미 저승에서 소환장이 나온 분이었던게 분명합니다. 만일 이런 분에게 분별없이 손을 대었다가 시술 도중에 사고가 났었다면 어떻게 되었겠습니까?"

박목사의 이야기를 듣는 필자도 이 순간에는 모골(毛骨)이 소연해짐을 느꼈다.

불과 몇달 지나는 동안에 박목사는 그 용모가 주는 인상도 완전히 바뀐 것은 정말 놀라운 일이 아닐 수 없었다.

그뒤 필자는 박목사의 초대를 받아서 그가 맡고 있는 낙도의 교회에 가서 '체질개선의 원리'에 대한 강연을 했고, 이 자리에는 이웃 낙도에 있는 여러 교회의 목사님이 많이 참석해 주어서 경청해 주었다.

"성경 말씀에, 너희가 진실로 겨자씨 만한 믿음이 있을진대 능히 이산을 저산으로 옮겨가게 할수 있으리라고 하신 말씀을 글자 그대로 이해하면 전혀 뜻이 없는 이야기라고 생각합니다. 열심히 기구하는 생활, 그리스도의 정신으로 행하면 머리의 중심부인 송체(松果體)안에 겨자씨 만한 결정체가 형성되고, 이 결정체가 만들어진 사람은 능히 우주력(宇宙力)을 구사할 수 있는 촛점이 생겼기 때문에 여러가지 기적을 행할 수 있는 능력이 있다 라는 뜻으로 해석하면 옳은줄 압니다."

필자가 말한 강연 가운데 한 이야기의 하나이다.

나날이 우주의식과 일체가 되어가고 있고, 작은 섬의 한 이름없는 목사로서 참그리스도의 정신으로 살아가고 있는 박목사야말로 오늘날의 세대(世代)가 간절히 원하고 있는 진짜 그리스도인이라고 필자는 생각한다.

아무쪼록 하늘의 은총이 항상 박목사 곁에 함께 하시어 '체질개선의 원리'를 그리스도를 믿는 사람들 사이에 널리 펴고, 구원의 역사를 할 수 있는 인물로서 어둠 속을 헤매는 오늘의 세대(世代)의 밝은 등대가 되기를 비는 마음 간절하다.

　박목사는 영능력자의 단계를 이미 지나 뛰어난 영각자(靈覺者)가 되었음이 분명하고 그는 오늘도 계속적으로 성장하고 있는 나무처럼 자라고 있을 것이다. 머지않아 하늘에 닿는 큰 나무가 되리라고 믿는 바이나.

2. 가도・다에꼬 양의 경우

1972년 12월, 일본인 나까무라씨의 초대로 도일했을 때 겪은 일이다.

하루는 나까무라씨의 소개로 교통사고 때문에 소뇌신경실조(小腦神經失調) 현상을 일으켜서 언어장해와 보행에 몹시 부자유를 느끼고 있는 가도・다에꼬이라는 소녀를 만난 일이 있었다.

1972년 6월 16일, 자전차를 타고 가다가 마이크로 버스와 충돌, 그 자리에서 의식불명(意識不明)이 된채 6개월 동안 혼수상태에 놓여 있다가 회복했는데, 지금은 언어장해가 아주 심하고 보행이 불편하여 두 지팡이에 의지해서 간신이 걷는 상태의 그런 소녀였다.

그런데 필자가 영사해 본 결과 아주 놀라운 사실들을 발견했다. 이 소녀가 사고를 당하게 된 원인은 빙의령 때문이라는 것이었다.

그 이야기를 간단히 소개해 볼까 한다.

히로오가즈오(67세)라는 시쯔오카현 출신의 목수가 있었는데, 그는 1950년 7월 12일 고향인 시쯔오카시에서 도쿄로 올라 왔고, 고향에는 외아들이 살고 있는데 그의 이름은 히로오・요시도시이며 〈히로오의 전기상회〉라는 가게를 갖고 있으며, 이 목수는 이 소녀가 사고를 당하기 만 3년 전에 고혈압으로 사고현장에서 졸도를 했고, 그때의 혈압은 (140~200)이었으며, 병원으로 운반해가는 도중에 죽었다는 것이었다.

그러나 이 사람이 죽을 때 그 영혼은 기절했으므로, 사흘 뒤, 정신을 차렸을 때는 자기가 죽었다는 사실을 전혀 알지 못하고 길거리에 쓰러진 것으로만 알고 있었다는 것이다.

왜냐하면 자기의 시체를 보지 못했기 때문에 졸도했던 것으로만 알았던 것이었다.

그는 지나는 사람들에게 구원을 요청했으나 아무도 그의 애원에 귀를 기울이는 사람은 없었다.

(노인네가 길거리에 쓸어져 꼼짝을 하지 못하고 있는데 이럴 수가 있는가?)

그는 야박한 세상 인심을 원망했다.

비가 오면 비에 젖고 눈이 오면 눈 속에 파묻혀서 떨어야만 했던 3년의 세월은 그에게는 글자 그대로 지옥의 고통이었다. 다행히 길거리에서 졸도했기 때문에 차에 치지만은 않은게 고마울 뿐이었다.

그러나 지박령의 공통된 점으로 그에게는 시간이 정지된 것이나 다름이 없었기 때문에 그는 3년이나 되는 긴 세월이 흘러간 줄을 몰랐고, 고작 몇주일 정도 지난 것으로만 생각했던 것이었다.

때로는 아무것도 먹지 않고 살아 있는 것이 이상하다는 느낌이 들기도 했으나 그것은 잠시 스쳐가는 생각에 지나지 않았다.

그러다 다에꼬양이 사고를 당하던 날, 길거리에 쓰러진 노인이 지켜보고 있노라니까 자기의 손녀 딸인 아이꼬(愛子)

제4장 난치병과 영능력자 157

가 자전차를 타고 오는게 보였다.
　노인은 이루 말할 수 없이 반가웠다.
　"얘야 할아버지다. 할아버지를 좀 도와다오."
　그 순간 다에꼬양은 죽은 사람이 부르는 소리를 들었고, 문득 그쪽을 보는 순간, 사고를 당한게 분명했다.
　"사고를 당하는 순간, 따님의 마음은 육체에서 떠났고, 대신 고혈압으로 죽은 노인의 마음이 들어왔던 것입니다. 그러니까 노인때문에 사고도 당했지만 노인의 영혼이 빙의가 안 되었더라면 그때 따님은 죽었을게 분명합니다."
　하고 필자는 영사를 끝냈다.
　그날은 간단하게 시술하고 다음 날에는 히로오·가즈오씨의 영혼을 제령시켰다.
　제령을 할때, 소녀의 몸에서는 무서운 악취가 풍겨나왔다. 송장 썩는 냄새가 분명했다. 나까무라씨의 넓은 응접실이 악취로 가득 찼고, 사람들은 사방 문을 열어 놓으면서 한동안 부산을 떨어야만 했었다.
　'제령'이 끝나자, 그 자리에서 소녀의 언어장해에 변화가 일어났다. 소녀는 필자에게 살아있는 신령님이라고 하면서 고마워했다.
　"따님은 장차 뛰어난 영능력자가 될 가능성이 많습니다. 지난 몇년동안 빙의가 되어 있는 동안에 체질이 바뀐 것이 확실합니다. 영능력자가 되면, 그 뛰어난 능력으로 많은 어려운 사람들을 돕게 될 것입니다."
　"앞으로 제대로 걸을 수 있을까요?"
　어머니는 아마 그것이 가장 걱정인 모양이었다.
　"천천히 회복이 되겠지요. 자주 운동을 시키고 본인에게 자신을 갖게 해 주십시오."

3. 목을 잘못 친 사무라이(武士)

　필자가 출판사를 경영하던 무렵, 필자의 손으로 문단에 데뷔시킨 주부작가(主婦作家)에 차윤순(車潤順)이라는 분이 있다.
　《불사조(不死鳥)의 노래》는 재판(再版)까지 찍기는 했으나 결국 사업적으로 성공하지 못한 작품이었고, 이 책의 발간을 계기로 출판사는 파산의 길로 치닫게 되었다.
　그 당시만 해도 우리나라의 문단이란 잡지 위주였기 때문에 어쩌다가 출판사에서 무명작가의 작품을 책으로 발간해도 문단에서 인정받고 성장하는 경우는 매우 드물었다. 이것은 처음부터 단행본을 들고 나오는 미국과 같은 나라와는 정반대가 되는 현상이다.
　차윤순씨의 경우도 그 예외는 아니어서 차여사는 결국 국내에서는 그 재능을 발휘해 보지도 못하고 어떤 연줄을 따라서 일본으로 건너갔고, 그곳에서 교포작가로서 활동을 하게 되었다고 한다.
　들리는 바에 의하면《불사조의 노래》로 일역판(日譯版)이 나왔다고 한다. 그런데, 이 차윤순 여사의 소개로 후지노·히사에라는 분이 필자의 연구원을 다녀간 일이 있었다.
　신장 기능과 간장 기능이 좋지 않은 데다가 저혈압까지 겸

하고 있었고, 시력장해까지 있는 중년부인이었다.
그런데, 이 후지노 여사가 필자로 부터 단 한번의 체질개선 시술을 받고 아주 건강한 몸이 되었다.
"앞으로 재혼(再婚)할 상대자는 외국에 기반을 둔 손 아래 사람으로서 아들과 딸 두 자녀가 있고, 결혼하는 데는 약간의 문제가 있을 게고, 또 결혼하기 전에 반드시 두분이 저를 만나게 될 것입니다."
하고 말한 필자의 예언이 이상하게 적중하여 후지노 여사는 하와이에서 부동산업을 하고 있는 손 아래 남자와 알게 되었고, 그에게는 아들과 딸이 있으며, 결혼하는 데는 약간의 문제가 있으며, 또 필자가 일본에 갔을 때 이들 두 사람과 만나게 되었다.
후지노 여사는 일본에서도 꽤 이름이 알려진 미용가(美容家)였고, 그녀의 단골손님 가운데 게이꼬라는 분이 있었다.
게이꼬 여사에게는 남다른 고민이 있었다. 둘째 아들인 도모아끼가 세살 때부터 악성(惡性)인 전신습진을 앓고 있는 것이었다.
아무리 좋은 약을 써보아도 그때 잠시일뿐 영 효과가 없었다고 한다. 심지어는 일본에서 유명하다는 심령치료가에게도 찾아가 보았으나 결국 허사였다고 한다.
단골로 다니는 후지노 미용원에서 나까무라 여사는 푸념처럼 자기의 고민을 털어놓았다.
그러자 후지노 여사가,
"한국에 안동민씨를 한번 찾아가 보세요. 아주 뛰어난 심령치료 능력이 있는 분이예요."
하고 자기가 기적처럼 몸이 완쾌된 이야기를 들려 주었다고 한다.

차윤순 여사와 함께 나까무라 여사가 필자를 찾은 것은 1975년 7월이 아니었던가 싶다.

나까무라 여사에 대해 영사를 해보니 고대 일본에 살았던 유명한 시즈까고젠(靜前)이라는 여인이었고, 그뒤 중국인으로 재생하여 도꾸가와이에야스(德川家康)시대 일본에 귀화했고, 현재의 수호령 가운데 한분은 심부생(沈浮生)이라는 과거 중국인으로 살았을 당시의 조상령임이 드러났다.

나까무라 여사가 나중에 조사해 본 바에 의하면, 바둑의 명인(名人)으로서 심씨(沈氏)가 귀화하여 1만석의 다이묘(大名)가 된 사람이 실제로 역사에 나타나 있다고 했다.

나까무라 여사가 둘째 아들 이야기를 하기에 사진이 있느냐고 했더니 서슴치 않고 사진을 꺼내 보였다.

미리 준비하여 갖고 온 것이 분명했다.

"사진만 보고서는 확실치 않지만, 전생에 사람을 죽인 일이 있는데 그 원령때문에 생긴 병입니다. 아드님을 데리고 오면 확실한 이야기도 해 주겠고, 또 영장(靈障)에 의한 질병인게 분명하니 체질개선과 제령을 통해 치유가 가능하다고 봅니다."

하고 이날은 그대로 돌려보냈다.

그뒤 8월 30일에 나까무라 모자가 필자를 찾아왔다.

"도모아끼군은 앞서 세상에 도꾸가와요시무네(德川吉宗) 장군 밑에서 일하던 신하였는데 동료가 죄를 지어서 배를 갈라 스스로 자살하게 되었어요. 그때 가이샤꾸(介錯)라고 해서 뒤에서 목을 쳐주는 역할을 맡았었는데 그만 손이 떨려 세번만에야 겨우 목이 떨어진 거죠. 이 때문에 죽는 사람이 몹시 고통을 받았고, 죽어서는 원령이 되어 빙의가 되었던 거예요.

그래서 요즘 말로 하면 심한 노이로제를 앓게 되었고, 그때 고오야산(高野山)에 있던 고오즈끼 쇼오닌(上月上人)이라는 스님이 제령을 해주었는데 이번에 재생하는 과정에서 다시 빙의가 된것 같고, 그때 고오즈끼쇼오닌은 바로 전생에서의 저였던 것 같군요."

"그럼 안선생님이 일본인이었단 말씀인가요?"

"네, 나에게는 전생(前生)이 많은데 그중 하나가 그랬었다는 것입니다. 애당초 일본과 인연을 맺게 된것은 백제에서 건너간 왕인(王仁)박사 시절이 아니었던가 생각되는군요."

"참 신기합니다."

"자기의 전생을 알수 있는 능력이 생기면 세계 인류는 하나라는 깨달음을 자연히 갖게 되는 법입니다. 저는 인도인이었던 때도 있고, 고대 페르샤에서 산 일도 있으며, 또 애당초에는 외계(外界)에서 우주인이었던 기억도 갖고 있으니까요."

"잘 알았습니다."

하고 이들 모자는 정중하게 고개를 숙였다.

이날 도모아끼군의 '제령'은 아주 성공적으로 끝났다.

필자는 옴 진동이 든 녹음 테이프를 하나 만들어서 그들 모자에게 주었다.

"이 테이프를 이용해서 진동수를 만들어 마시도록 하세요. 그러면 일주일 동안 배가 아프고 설사가 계속될 것입니다. 그뒤 어느 날 아침 일어나보니까 습진은 없어져 있더라 하는 경우가 있을 수 있습니다.

이 병은 생리적(生理的)으로 볼때, 신장기능과 부신기능이 좋지 않아 소변으로 피의 불순물을 걸러내지 못하고 피부로 내어뿜기 때문에 생긴 것입니다. 그러니까 심령적인 원인

때문에 내장에 고장이 생긴 피부병을 아무리 피부에 약을 발라야 좋아지지 않는 겁니다.

영혼이란 에너지 생명체로서 육체를 통해 생명 에너지의 공급을 받고, 그대신에 배기가스를 경락을 통해 내어보내게 되는 것인데 도모아끼군에게는 본인 아닌 다른 생명체가 들어있기 때문에 생명 에너지의 소모도 크고 몸 안에서 가스가 많이 발생하고 있는 겁니다. 그래서 경락에 이상이 생긴 겁니다."

그뒤 보름이 지난 무렵이었다. 나까무라 여사의 편지가 날라 들었다. 나까무라 여사가 보낸 편지를 우리나라 말로 번역 소개하면 다음과 같다.

〈전략(前略)〉

안녕하셨습니까. 지난 번에는 나까무라·도모아끼의 '제령'과 치료를 해주셔서 여러가지로 고마웠습니다.

주신 테이프로 진동수를 만들어서 매일 마시고 있습니다만 마시기 시작한 일주일 동안 배가 아프다고 하더니 열흘째 될 무렵부터 얼굴이 깨끗해지고 팔도 깨끗해지기 시작하였습니다. 아직 목덜미 있는데는 습진이 남아 있습니다만 어쩐지 갑자기 좋아져서 깜짝 놀랐습니다. 선생님 덕분이라 깊이 감사드립니다.

아이하고도 의논을 했습니다만, 9월 27일 오후, 다시 선생님을 찾아뵙고 시술을 받았으면 합니다. 27일은 토요일인데 어떠실런지요?

학교 때문에 토요일, 일요일 밖에 찾아뵐수가 없는데, 28일인 일요일에도 시술이 가능한지요? 바쁘시고 피곤하실텐데 정말 죄송스럽습니다.
 아이의 습진이 좋아졌기 때문에 너무나 기뻐서 폐가 되는 줄 알면서도 꼭 부탁드립니다.
 정말 이상한 일이라고 집안 식구들이 모두 깜짝 놀라고들 있습니다. 이것도 모두 선생님의 덕이고 정말 뭐라고 감사해야 좋을지 모르겠습니다.
 만일 9월 27일(토요일) 28일(일요일)이 곤란하시거든 이곳을 떠나기 전에 다시 한번 전화를 드릴때 말씀해 주십시오. 그럼 진심으로 부터 부탁드립니다.
 글이 두서 없어 실례가 많았습니다.

안녕히
中村圭比子

안동민 선생

 도모이끼군은 모두 합해서 세번 한국을 찾아왔고 그렇게도 완고했던 전신습진이 깨끗이 치유되었다.
 나중에 이들 가족의 초대를 받아 일본에 가서 들은 이야기에 의하면 도모아끼군은 습진이 완쾌되었을 뿐만 아니라 영능력자로도 변신(變身)됐다고 한다.
 한국에 오기 전날이면, 꼭 중세시대(中世時代)의 갑옷을 입은 무사(武士)[그의 수호령인 듯 하다]가 머리맡에 나타났다고 하며, 필자가 떠나기 이틀전에도 아주 이상한 현상을 경험했노라고 했다.
 밤 1시가 되어 불을 끄고 자려고 하는데 누군가가 문을 똑똑똑 세번 두드리더라는 것이었다.
 "누구세요?"
 했더니 대답은 없고 방문 한가운데가 갑자기 눈부시게 환해지더라는 것이었다.
 다음날 아침 어머니에게
 "안선생님이 오실 모양이니까 모시러갈 차비를 차리는게 좋겠어요"
했고 이 이야기를 들려주더라고 했다. 그래서 필자의 집에다가 전화를 걸었더니 18일에 떠난다고 이야기를 했다는 것이었다.
 "도모아끼는 안선생님한테서 체질개선 시술을 받고 난 뒤, 성격이 아주 좋아졌습니다. 화를 잘 내던 성질도 없어지고 의젓해졌다고 할까 지혜로워졌다고 할까, 어떤 때는 누가 아버지인지 모르게 느껴질 정도로 아주 어른스러워졌습니다."
하고 나까무라씨가 좋아서 어쩔줄 몰라하던 것이 지금도 기억에 생생하다.
 앞으로는 직접 필자의 손을 빌리지 않고도 집단적으로 체질개선이 가능한 과학적인 방법을 필자는 이미 확립 한바 있느니만큼 앞으로 자라나는 세대(世代)가 모두 체질개선이 될 때, 우리 세계의 앞날은 밝아지리라고 생각한다.

4. 잉태한 남자 이야기

남자가 아이를 가졌다면 아무도 믿을 사람이 없을 것이다. 그런데, 필자도 각종 난치병과 불치병에 시달리는 사람들을 수없이 보아 왔지만 남자가 아이를 가진 경우는, 그것도 아랫배가 꼭 바가지 엎어 놓은것 같이 튀어나오고 두 다리가 붓고 어지럽고 구역질이 자주 나며, 배속에서 아이가 노는것 같은 이상한 질병을 앓는 사람을 만나기는 생전 처음이었다.

이 이야기의 주인공은 충남 서산군 대산면 화곡리에 사는 올해 설흔아홉이 된 이창주라는 사람이다.

그는 고향에서 중형 어선을 경영하는 선주(船主)인데, 생활은 여유가 있는 편이며, 3년전 이런 이상한 질병에 걸린 뒤로는 반 폐인이나 다름없는 생활을 해왔었노라고 했다.

암인가해서 X레이 검사, 종합검사도 해보았지만 아무 이상이 없다는 이야기였다.

"배 안에 가스가 찼군요." 할뿐 의학적으로는 건강하다는 것이었다.

이 이창주씨가 인천 사는 어느 부인의 소개로 필자를 찾아왔다. 필자는 첫눈에 그가 빙의령에 의한 질병임을 알 수 있었다.

영사를 했다.

"혹시 인천 갔다가 온 뒤에 생긴 병이 아닌가요?"
그는 한동안 생각에 잠겨 있더니 무릎을 쳤다.
"맞습니다. 인천에 볼 일 보러 갔다 온 뒤로 이렇게 된것이 분명합니다."

몇년 전, 서울과 인천 사이를 달리는 열차 안에서 일어난 일이다. 27세로, 임신 6개월 된 어느 부인이 점심 먹은 것이 관격(關格 ; 음식이 급하게 체하여 먹지도 못하고 대소변도 못보며 인사불성이 되는 병)되어 미처 손을 쓸 사이도 없이 열차 안에서 숨을 거둔 일이 있었다.

부인은 숨을 거두는 순간 애절하게 남편을 부르면서 의식을 잃었다. 시체는 인천역에 도착하자, 급보를 듣고 달려온 가족들의 손에 넘어 갔지만, 죽은 지 사흘 뒤에 다시 제 정신을 차린 부인의 영혼은 자기 자신이 죽었다는 것을 알 까닭이 없었다.

부인은 자기가 아직도 열차 안에서 관격때문에 괴로워 하는 줄만 알고 있었고, 눈에 띄는 사람마다 구원해 줄것을 요청했으나 아무도 거들떠 보는 이가 없었다.

이런 사고로 죽은 지박령(地縛靈)은 그 자리에 묶여 꼼짝을 못하게 마련이고, 죽은 순간부터 시간은 정지(停止)하기 때문에 지박령은 세월의 흐름을 깨닫지 못하는 것이다.

또 영혼에게는 이승이 보이지만 이 세상 사람들에게는 영혼이 보이지 않기 때문에 부인의 구원 요청이 통할 까닭이 없다. 관격으로 죽은 부인은 승객들이 자기 몸 위에 걸터 앉았을 때 아우성을 치곤 했고, 그러면 그 자리에 앉았던 사람은 어쩐지 기분이 좋지 않아져서 자리에서 일어서게 된다.

만원 기차 안에서 언제나 비어 있는 텅 빈자리——그것은 분명히 수상한 일이 아닐 수 없다. 그런데, 어느날 저쪽 통로에 이창주씨가 나타난 것이었다. 죽은 부인이 보니 틀림없이 자기 남편이었다.(아마 모습이 많이 닮았었던 모양이다.)
"여보, 나 좀 살려주구려."
하고 외치는 순간, 이창주씨에게 사고로 죽은 두 사람(그러니까 태아까지 포함해서)의 영혼이 빙의된 것이었다.
그 순간, 그는 가벼운 멀미를 느꼈을게 분명했다. 아마 어쩌면 등곬이 오싹했을지도 모른다.
필자가 영사한 결과를 이야기하는 순간이었다.
"어메, 이이가 남편이 아니었구먼. 나는 죽었나요?"
하는 소리 아닌 소리가 들렸다.
다음 날, 다시 찾아온 이창주씨는 그 아랫배의 바가지가 밤 사이에 행방불명이 되었노라고 익살을 떨었다.
두 다리의 부기도 가라 앉았고, 차만 타면 어지럽던 증세도 말끔히 가셨노라고 했다.
4일에 걸친 체질개선 시술을 받고 전과 같은 건강한 몸을 되찾은 이창주씨는 고향으로 내려 갔고, 이어 며칠 뒤에는 두눈이 잘 안보이게 된 큰 아들을 데리고 올라 왔다.
이 아이도 두번 시술을 받고 기적적으로 시력을 회복했다. 들리는 바에 의하면 그는 건강한 몸으로 자기 본업인 어업에 열중하고 있다고 한다.
이창주씨의 소개로, 20년 동안 알콜 중독자로 폐인이 되어 있던 환자 한분이 다녀갔는데, 그도 빙의령에 의한 것이었고 제령을 시키자 알콜 중독에서 해방되었다.
"나 이창주는 안선생님의 선전원이 되겠습니다. 술 사들고 난치병 환자만 찾아다니겠어요."
그가 떠나면서 들려 준 말이었다.

5. 백내장(白內障)이 벗겨진 이야기

　백내장이라는 것이 있는데, 눈알에 하얗게 막(膜)이 덮혀서 실명(失明)하게 되는 병이다. 백내장은 안과에서 수술로서 치유될수 있는 병이지만, 대개는 그 뒤 결과가 좋지 않은 것으로 알려져 있다.
　다시 재발을 하기 때문이다. 백내장은 어떤 내장의 고장에서 비롯된 결과이지 그것 자체가 질병이라고는 생각되지 않는다. 그래서 결과를 없애도 그 원인을 모르고 제거하지 못하면 다시 백내장은 생기기 마련이라는 것이 필자의 생각이다.
　생각하면 어디 백내장 뿐인가?
　요즘 사람들은 현대의학을 대단한 것으로 알고 있지만, 인간 스스로가 생명의 비밀의 가장 중요한 부분을 모르고 있는 것이 현대의학이고, 모든 질병의 결과만을 갖고 다스릴 뿐, 그 발생원인 자체를 정확하게 모르고 있기 때문에 현대의학은 절름발이 형태를 못 면하고 있는 것이다.
　인간의 영혼이 과학적으로 무엇이며, 육체와는 어떤 필연적인 상관관계를 갖고 있는가를 현대의학에서 받아들일 때, 그야말로 현대의학은 완전한 의학 구실을 하게 될줄로 믿는다.

인간에 대해서는 이미 알만큼 알았다는 태도 자체가 잘못이라고 본다. 인간이란 에너지 생명체인 영혼과 탄소형생명체(炭素型生命體)인 육체가 완전히 조화롭게 작용하고 있는 것을 말하는 것이지 에너지 생명체가 나가버린 시체는 인간이 아니며, 또 육체를 지니지 않는 이른바 영혼 단독의 존재도 인간은 아닌 것이다.

오늘날의 심령과학(心靈科學)은 육체 인간에게 영혼이 존재하며 육체가 죽은 뒤에도 영혼은 계속 존재한다는 사실을 증명하기 위해 전력을 다하고 있지만, 이것은 결과적으로는 우리에게 큰 도움이 되지 못하고 있다고 생각한다.

왜냐하면 심령과학의 지식 없이도 많은 종교인들은 영혼의 존재를 믿고 있으며, 또 아무리 심령사진을 제시해도 영혼의 존재를 믿지 않는 사람은 계속 믿지 않기 때문이다.

그 이유는 무엇인가? 대답은 아주 간단하다고 생각한다.

영혼이라는 생명체가 꼭 육체 속에 들어가 있어야 할 필연적인 이유, 육체를 영혼이 필요로 하는 까닭을 과학적으로 분명히 설명해 주고 증명해 주면 누구나 인간이 복합생명체임을 알게 되리라고 생각한다.

믿는다는 것은 어디까지나 추상적인 것이고, 알게 된다는 것이 중요하다. 즉, 알게 된 다음에 믿게 되어야 그것이 진짜 믿음이라고 생각한다.

하나님의 존재를 일상생활의 체험에서 뼈저리게 알게 되어 믿는 것과 막연하게 믿는 것과는 하늘과 땅의 차이만큼 다르다.

그러니까 현대의학의 입장은, 인간이란 육체를 뜻함이며 육체가 살아 있는 동안(어떻게 하여 육체가 살아 움직이는지도 정확히 모르고 있는 것이 오늘날의 의학이다)에만 마음은 존재한다. 따라서 육체가 그 기능을 잃게 되면 마음도 소멸된다는 것으로 집약시킬 수 있는데, 그럼에도 불구하고 수많은 불치병과 난치병의 발병 원인을 현대의학에서 과학적으로 밝히지 못하는 것은 인간을 보는 현대의학 자체에 근본적으로 잘못이 있다는 것을 뜻한다고 시인해야 앞으로 인간을 위해 더욱 발전될 여지가 있다고 생각한다.

마음이 가난한 자에게 복이 있다는 말이 있다. 마음을 비우고 겸손한 사람은 얼마든지 정신적으로 자랄 수 있지만, 자기가 알고 있는 상식의 벽 속에 스스로를 가두고 있는 교만한 자에게 발전은 기대할 수 없다.

한마디로 말해서 현대의학은 교만한 인간과 같은 존재라고 할 수 있다. 자기네들이 연구하는 방법만이 옳은 것이고 다른 방법으로 인간의 영혼과 육체를 연구하는 것은 범죄자 취급을 하고 있는게 사실이기 때문이다.

그것을 가장 잘 나타낸 것이 의료법이다. 앞으로는 의사가 아니더라도 인간을 연구할 수 있는 길이 열려야 되며, 또한 다른 분야에서 얻어진 지식을 현대의학에서 인색하지 않게 받아들일 때, 비로서 현대의학은 완전한 의학으로서 발전이 가능해지리라고 생각한다.

그 가까운 예가 필자의 경우이다. 필자는 문학가이며, 인간 연구가이지 결코 의사는 아니다. 하지만 지난 몇년동안 필자의 '체질개선연구원'을 찾은 사람들 가운데는 미국 하버드 대학에서 의학박사 학위를 딴 분도 있었고, 그는 자기의 난치병인 지병을 체질개선법으로 시술받아 완치된바 있다.

그동안 많은 의사들도 필자를 찾아왔는데 그런 분들이야말로 현대의학을 위해서 귀중한 인물이 될수 있는 분이라고 생각된다.

대학을 졸업했고, 사회적으로 높은 자리에 있다고 해서 반드시 참다운 지성인(知性人)인 것은 아니다.

이름을 대면 누구나 알만한 유명한 여류학자가 있는데, 그분의 딸이 난치병으로 고생한 일이 있었다. 필자는 그 남편의 부탁을 받고 정성을 다해 도와준 일이 있는데 그뒤 그분이 쓴 책을 보니 필자를 형편없는 인간으로 그려 놓은 것을 본 일이 있다. 다행히 필자의 이름은 밝히지 않았지만 이런 사람이야말로 지성인의 탈을 쓴 무식한 인간의 가장 대표적인 예라고 할 수 있다. 백내장 이야기를 하다가 이야기가 엉뚱한 곳으로 빗나간 것 같아서 다시 본론으로 돌아온다.

얼마전 필자를 찾아온 손님 가운데 백내장이 하얗게 낀 분이 있었다. 부인의 이야기에 의하면 13년 전에 한번 각막 수술을 받은바 있는데 다시 백내장이 끼었다는 것이었다.

필자는 백내장이란 병이 안과에서 외과적으로 처리할 문제라고 생각하고 있었기에 그것을 고치겠다는 생각은 애당초 하지도 않았었다.

환자가 어려서 세상을 떠난 고모님의 영혼이 빙의되어서 성격이 뒤틀리고 인생을 허송했다는 이야기를 들려주니까,

"저의 남편 성격이, 그러고 보니까 이야기에 들은 남편의 고모님 성격과 똑같은 것 같습니다."

하고 부인이 놀라워 했다.

이틀에 걸쳐서 체질개선 시술을 하고 사흘째 되던 날 '제령'을 했다. 제령을 한 순간이었다.

"아이구머니, 백내장이 없어졌네요. 13년 동안이나 끼어 있던 것이 삽시간에 없어졌어요."

부인이 감탄하면서 들려 준 이야기였다.

"돌아가신 바깥양반의 고모님이 혹시 백내장이었던게 아닐까요."
하는 필자의 물음에,
"네, 그렇다나 봅니다. 돌아가실 때는 실명(失明)을 하셨다는 이야기를 들었으니까요."
그러니까 이 경우는 빙의령에 의한 백내장이었기 때문에 제령됨과 동시에 백내장이 소멸된 것이 아닌가 한다.
필자는 생각한다.
역시 백내장은 일반적으로 외과적인 수술에 의해 제거되는 것이 원칙이며, 이 경우는 어디까지나 예외라고 본다. 질병의 원인을 알려면 인간의 정체부터 밝히는 것이 가장 중요하다고 생각되는 좋은 예라고 생각한다.

6. 백일동안 진동수를 마신 젊은이

원인불명인 전신쇠약 증세와 정신불열증 초기 증세를 가진 한 젊은이가 필자를 찾아온 일이 있었다.
이름은 이국환이라고 했다.
"진동수를 백일동안 마시고 오시오"
이 젊은이는 필자의 권고를 충실히 따랐다.
일주일에 힌번씩 큰 물통은 갖고 와서 진동수를 운반했다.
그러자 80일째 되던 날이었다. 그에게서 필자에게 전화가 걸려 왔다.
"갑자기 온 몸에 열이 나기 시작하고, 아무것도 먹을 수가 없습니다."
"진동수를 마신 반응이 이제 나타나는 모양이니 계속해서 진동수를 마시도록 해요."
하고 필자는 지시했다.
백 하루째 되던 날, 이국환씨가 필자를 찾아왔다.
뼈와 가죽만 남은 야윌대로 야윈 몸에 두 눈만 초롱초롱 빛나고 있었다.
어린애와 같이 눈의 흰 자위가 새파랗게 변해 있었다.
그는 이날 처음으로 필자로부터 체질개선의 시술을 받았다.

그뒤, 한달만에 나타난 것을 보니 그는 살이 토실토실 쪘을 뿐만 아니라 완전히 얼굴 인상이 바뀌어 있었다.

그로부터 다시 6개월이 지났다.

그는 다시 필자의 연구원에 나타나기 시작했다.

필자와 같이 자기도 체질개선을 시술할 수 있는 능력이 생겼노라고 했다.

주위의 사람들 여러 명에게 시술을 해 주어서 좋은 효과를 보았다는 이야기였다.

"백일동안 진동수를 마시는 동안, 그 사이 몸 안에 축적되었던 나쁜 공해물질들이 모조리 배설된게 분명합니다. 머리와 몸이 이렇게 가벼울 수가 없습니다."

하고 그는 기뻐했다.

이국환씨는 요즘 필자의 연구원에 매일 오다시피 하고 있다.

'체질개선'시술법을 철저히 배우기 위해서다.

'체질개선'을 시킬 수 있는 젊은 사범이 또 한명 생겨서 필자의 마음도 지극히 흐뭇하다.

얼굴에 여드름 투성이었던 여학생들이 진동수를 한달 열심이 마셔서 매끈한 피부로 변한 예도 허다하지만, 하여튼 체질개선의 기본 요건은 진동수를 장기간 복용하는데 있음을 보여준 좋은 보기라고 생각한다.

제 5 장
시공(時空)을 초월한 마음

1. 지박령(地縛靈)들 이야기

　우리가 알고 있는 우주는 넓고 광대하다. 태양과 같은 항성(恒星)이 약 1천억 개가 모여서 우리의 은하계를 이루고 있으며 파르마 천문대(天文臺)에 있는 2백인치 전자망원경으로는 이런 은하계가 수없이 많이 존재함을 관측할 수 있다.
　1초 동안에 지구를 일곱번 반 돌 수 있는 빛의 속도로도 몇 억년이 걸린다는 이 넓고 넓은 우주, 또한 그런 우주를 인식할 수 있는 우리의 마음 또한 놀라운 존재가 아닐 수 없다.
　전자현미경으로도 볼 수 없는 가장 작은 세계에서 몇 억 광년(光年)이라는 우주에 이르기까지, 시간과 공간을 초월해서 이를 인식할 수 있는 인간의 마음의 능력은 실로 놀라운 바가 있다.
　불과 백년을 살지 못하는 육체를 가진 인간이다. 그러나 그 육체 속에 담겨진 마음은 작은 세계, 큰 세계, 과거와 미래로 달릴 수 있는 능력을 지니고 있다.
　우리의 마음이 시간과 공간을 초월하여 인식할 수 있는 능력이 있다는 것은, 어느 의미에서 마음이 시간과 공간을 초월한 존재이기 때문인지도 모른다는 생각을 필자는 해본 일이 있다.

우리의 육체는 잠시 존재하는 물거품에 지나지 않지만 우리의 마음인 영혼이라는 에너지 생명체는 이 우주에 에너지원(源)이 존재하는 한 영원히 존속할 수 있는 존재가 아닌가 한다.

우주가 존재하게 된 순간부터 우리의 마음은 존재했다고 볼 수가 있지 않을까. 일찌기 태어난 일도 없고 소멸한 일도 없는 마음, 그것이 바로 우주의식이 아닐까.

그 우주의식의 세포 하나 하나가 분화(分化)되고 발전하고 진화된 형태가 인간을 비롯한 전우주(全宇宙)에 널려 있는 생명이 아닐까 하고 생각해 본다.

그렇다면 모든 인간은 하나님(곧, 우주의식)의 자녀라고 한 말씀도 얼른 수긍이 가는 이야기이다.

육체를 버린 마음이 시간과 공간을 초월해 단독으로 또는 집단으로 존재할 수 있다는 사실을 필자는 여러 번 경험한 바 있다.

이제부터 시간과 공간을 초월하여 존재하는 육체를 떠난 마음이 존재하는 세계를 찾아가 보기로 한다.

이승에 대해 끔찍한 미련을 지닌채 비명횡사한 영혼들이 저승인 유계(幽界)를 찾아가지 못하고 자기가 살았던 토지에 묶여서 여러 가지로 그곳에 사는 사람들에게 재앙을 가져오는 망령들을 지박령(地縛靈)이라고 한다.

그런 지박령들이 일으키는 사고로는, 자주 일어나는 건널목의 사고라든가, 해마다 같은 날에 일어나는 같은 곳에서의 익사 사고 등 얼마든지 들 수가 있지만, 여기서는 필자가 직접 경험한 지박령들에 대한 이야기를 해볼까 한다.

1974년 12월에 도일(渡日)했을 때의 일이었다. 필자를 일본으로 초청한 나까무라씨는 도쿄 시내에 꽤 큰 나까무라 인쇄주식회사라는 옵셋 인쇄회사를 경영하고 있었는데, 이 공장에서 지난 두 달에 걸쳐서 아주 이상한 사고가 연달아 일어났다고 했다.

어느 날, 인쇄직공 한 사람이 절단기에 손목이 끼어 차단되었는데 다음 달 같은 날에, 이번에는 다른 직공이 같은 기계에 팔목이 차단되었다는 것이었다.

예사 사고라고 보기에는 매우 이상한 사고였다. 처음 사고가 생긴 것은 실수로 그럴수도 있는 일이지만 한달 건너 다음 달 같은 날에 같은 기계에 의하여 좀 더 중상(重傷)을 입었다는 것은 아무래도 지박령에 의한 소망청구를 안들어 주었기 때문에 고의로 저질러진 일이 아니냐는 짐작을 낳게 했던 것이라고 한다.

그래서 일본의 이름난 어느 영매(靈媒)에게 문의를 했더니 이 토지에 살고 있는 지박령들의 소행이라고 하면서 제령을 해야겠다면서 엄청난 돈을 요구해 왔다는 것이었다.

그래서 차일 피일 미루고 있었는데, 안선생님이 오셨으니 제령을 해달라고 했다.

그날은 마침 일요일이어서 다른 사람들을 만날 계획이 없어 한가하기도 했지만, 사실 필자는 속 마음으로는 저으기 당황했던 것이 사실이었다.

왜냐하면 필자는 그동안 살아있는 사람에게 영혼이 빙의된 것은 많이 제령을 해보았지만 토지에 붙어 있는 빙의령을 그것도 흉악한 지박령을 다루어 본 일은 거의 없었기 때문이었다.

도대체 어떻게 했으면 좋을지 짐작이 가지 않았다. 허나 모처럼 부탁하는 것을 냉정하게 거절할 수도 없는 일이어서 함께 현장에 가보기로 했다.

인쇄공장은 생각했던 것 보다는 훨씬 규모가 컸다. 엘리베이터가 두 대나 가설되어 있는 고층건물이었다.

"사고가 일어난 공장 안으로 가 보십시다."
하고 나까무라 사장이 안내해 주었다.

최신형 옵셋 인쇄기계가 설치되어 있는 공장 안으로 들어선 순간이었다.

"잘 오셨습니다. 저는 히라노스에끼찌(平野季吉)라고 합니다. 저희들의 소원을 들어주셔서 저승으로 가게 해주십시오."
하는 난데없는 소리 아닌 소리가 어디선지 들려왔다. 허나 모습은 보이지 않았다. 필자는 약간 당황했다. 이런 일은 처음 겪는 일이었기 때문이었다. 필자는 나까무라 사장에게 방금 들은 이야기를 그대로 들려주었다.

"역시 안선생님을 모시고 오기를 잘했습니다."
하고 그가 몹시 기뻐하는 것을 보니 오기를 잘했구나 하는 생각이 들었다. 이층으로 올라가서 사장 부인인 게이꼬 여사의 방에 자리를 잡고 앉은 순간이었다.

다섯명의 이름이 차례로 떠올랐다.

그 명단을 적으면 다음과 같다.

우메즈류우사브로(梅津龍三郞)(44세) : 이곳에 있던 제후(諸候)의 한 사람이었던 다데가(人尹達家)의 저택에서 큰 잘못을 저지르고 활복자살을 한 사무라이(武士).

히라노스에끼찌(平野季吉)(32세) : 다이쇼오시대(大正時代)에 살았던 사람으로 심한 노이로제 환자였었는데 집에서 뛰어나가다가 교통사고로 죽은 사람.

　오노요시꼬(小野吉子) : 남의 첩으로서 버림을 받고 목을 매어 자살한 여인. 메이지 시대(明治時代)에 살았던 사람으로서 생가(生家)는 메이지사까(明治坂)에 있었다.

　구와바라(桑原)의 산조오(三造)(24세), 히라가(平賀)의 도라죠(虎造)(24세) 에토라이카(江戶大火)때 불에 타죽은 사람들. 이 가운데 산조오는 건달이었음. 같은 고향 출신.

　이런 여러 사람들의 이름이 아주 선명하게 떠 올랐다.
　나까무라 게이꼬 여사는 나중에 알고보니 트럼프 점의 명인(名人)이었기에 필자가 영사한 결과를 트럼프 점으로 점처 보라고 부탁했다.
　필자의 영사(靈査) 실력과 트럼프 점 실력을 확인해 볼 수 있는 아주 좋은 기회라고 생각했기 때문이었다. 그런데 게이꼬 여사의 트럼프 점의 결과는 필자의 영사결과를 그대로 뒷받침해 주었다.
　우메즈류우사브로오는 장래가 촉망되던 위인인데, 손버릇이 나빠서 주인 댁의 돈을 조금씩 축내다가 어느 날 거금을 빼어 돌린 것이 들통 나서 배를 갈라 자살하게 되었다는 것이었고, 히라노스에끼찌를 볼 때는 게이꼬 여사의 손에서 트럼프가 흩어져서 방바닥에 좌르르 깔리었다.
　"이것은 정신이 온전치 못했다는 것을 나타낸 것입니다."
하고 게이꼬 여사는 이야기했다.
　그런데 필자의 영사 결과는 지박령들의 수효가 다섯명이 있는데 게이꼬 여사의 트럼프 점에서는 6명이라고 나왔다.

다시 영사를 해보니 자살할 때 오노요시꼬는 임신하고 있었다는 사실이 밝혀졌다. 결국 필자의 영사 결과와 트럼프 점 결과가 완전히 일치한 것이나 다름이 없었다. 옆방 사장실에서 간단한 공물(供物)들을 차려놓고 지박령들 이탈식을 거행했다. 필자가 제주(祭主)가 되어서 거행을 했다.
　이때 또 소리가 아닌 소리가 들렸다.
　"저희들 생전의 보호령들을 불러주시고, 지박령의 신세를 면하게 하여 재생(再生)할 수 있는 기회를 주시니 감사합니다. 사실은 저희 부탁이 통과되지 않으면 다음에는 신까이 부장(新開部長)[그는 나까무라 사장의 매부(妹夫)로서 이곳 공장의 총무부장이었다]을 심장마비를 일으키게 할 예정이었고, 그래도 안되면 공장 배선(配線)에 작용해서 불태울 계획이었는데 더 이상 잘못을 저지르지 않게 해주셔서 감사합니다."
　이 이야기를 전해 듣고 나까무라 사장은 얼굴빛이 변하였다. 그의 매부는 심장에 이상이 있었고, 필자로부터 시술을 받아서 건강해진 터였다.
　'제령'이 끝난 뒤, 게이꼬 여사에게 다시 트럼프 점을 쳐보게 하였더니,
　"약속된 곳에 이르러 감사하다. 앞으로 사업은 크게 번창하리라."
는 점괘가 나왔다.
　필자는 이번 경험을 통해서 토지에 살고 있는 지박령들의 생태(生態)에 대해 좋은 경험을 한 셈이었다.
　원인 모르게 자주 같은 건물에서 실화(失火)는 대개 지박령들의 하나의 의사표시 결과라고 보면 틀림없을 것이다.

2. 이상한 인연

몇년 전 일이다. 이상한 안질(眼疾)을 앓고 있는 고등학교 학생이 필자를 찾아온 일이 있었다. 눈거풀 안에 작은 입자가 생겨서 발생한 결막염을 앓고 있는 소년이었다. 그런데 안과에서 아무리 치료를 해도 좋아지지가 않았노라고 했다.

수술도 해 보았으나 다시 곧 입자가 생겨서 아무런 소용이 없었노라고 했다. 그래서 생각하다 못해 선생님에게 영사(靈査)를 받으러 왔노라고 했다. 아무래도 무슨 영적인 원인이 있는 것 같이 느껴진다는 이야기였다.

필자는 고등학생을 앞에 놓고 영사를 했다. 이 질병의 원인은 이 학생의 전생(前生)에 그 원인이 있음이 곧 밝혀졌다.

신라(新羅) 경덕왕(景德王) 시절이 아니었던가 싶다.

지금의 경상도 어느 깊은 산골에 작은 절이 있었다. 이 절의 주지스님은 70이 넘은 노스님이었다.

이 주지스님은 하루의 대부분 시간을 법당(法堂) 안에 앉아 염불을 외우는 것으로 보내곤 했는데, 두 눈을 반쯤 지긋이 감고 염불을 외울 양이면 극성스러운 파리들이 눈가에 모여들어 스님의 눈꼽을 빨아먹곤 했었다.

보통 사람 같으면 짜증이 몹시 날 일이지만 도통한 스님이라서,
"오냐, 오냐, 너희들이 얼마나 먹을게 없어서 굶주렸으면 내 눈꼽을 그리도 탐이 난단 말이냐."
하고 오히려 파리들이 귀찮게 구는 것을 낙으로 삼았었다.
때로는 일부러 밀기울 가루를 눈 언저리에 바르기도 했다.
한편 이 스님은 고약한 유행병때문에 많은 마을 사람들이 죽어가는 것을 보고 자신이 아무런 도움이 되지 못하는 것을 한탄했다.
"내 성불(成佛)하는 것을 미루고 다음에 태어나면 훌륭한 의원이 되어서 병고(病苦)에 시달리는 많은 사람들을 구해 주리라."
하는 것이 이 노장 스님의 소망이었다.
"학생은 전생(前生)에서 이 노장 스님이었던게 분명하다. 그리고 이 이상한 안질은 그때의 파리떼들의 혼이 빙의된 것 때문에 생긴 것이고——"
"아니 곤충에도 혼이 있나요?"
하고 학생은 도저히 믿을 수 없다는 표정을 지었다.
"물론 있지. 모든 생명은 진화단계가 다를 뿐인 게야."
필자는 파리들을 조용히 타일렀다.
곤충의 혼이 빙의된 것을 제령시켜보기는 처음이었다.
필자의 제령이 끝나자, 파리 태우는 듯한 악취가 방 안에 가득 찼다. 그뒤 몇 년이 지난 뒤였다. 이 학생이 필자가 없는 사이에 찾아왔는데 의과대학에 다니게 되었노라고 하더라는 것이었다.
한편 이 경우, 우리의 말 한 마디가 다음 생(生)에까지 영향을 미친다는 것을 보여준 좋은 보기라고 생각된다.

3. 손가락을 짜른 여인

이 이야기 역시 지난 번 일본에 갔을 때 경험한 것이다.
　와다나베 아끼꼬라는 부인이 '레이노씨'병이라는 병(病)을 앓고 있었다. 혈관이 점차로 막히는 병이어서 한쪽 손은 세 손가락을 이미 잘랐고, 오른쪽 눈도 실명(失明)했을 뿐더러 보행도 몹시 불편을 느끼는 처지였다.
　그리고 병은 계속 진행중이기 때문에 오래지 않아서 나머지 한쪽 눈도 안보이게 되리라고 했다.
　또 손가락도 계속 자르게 되기가 쉬우리라는 이야기였다.
　"차라리 얼른 죽어 버리는게 좋겠어요. 좋아질 희망은 전혀 없고, 약을 쓴다는 것은 병이 빨리 진행하는 것을 어느 정도 막는데 지나지 않으니까요. 제가 전생(前生)에서 무슨 끔찍스러운 죄를 지었길래 이런 몹쓸 병에 걸린 것일까요?"
　하고 와다나베 여사는 눈물지었다.
　"그렇군요. 아무래도 이것은 영장(靈障)에 의한 질병 같은데요. 혹시 부인의 외조부께서 탄광같은 데서 일하신 일이 없었던가요?"
　"잘 모르겠는데요."
　"제 생각으로는 부인은 외조부가 다시 재생한 경우 같습니다. 그리고 아주 윗대 선조 가운데 문둥병을 앓다가 동굴 속에서 굶어 죽은 부인이 있는 것 같군요."
"네, 무당 이야기로는 저의 조상 가운데 몹쓸 병을 앓아서 동굴 속에 숨어 살다가 죽은 분의 영혼이 빙의되었다고 하더군요."
이 부인의 영사결과 필자는 아주 놀라운 사실을 발견했다.

우리나라에도 쳐들어 온 일이 있는 토요토미 히데오시(豊臣秀吉)가 그의 주군(主君)이었던 오다노브나가 밑에서 기노시다 도오끼찌로오(木下藤吉郞)라는 이름으로 통하던 시절의 이야기다.

아와지(淡路) 고을에 칠호촌(七戶村)이라는 작은 마을이 있었다. 일곱 가구가 사는 작은 마을이라고 해서 이런 이름이 붙은 보잘 것 없이 작은 마을이었다. 이 마을의 촌장(村長)인 사꾸베(作兵衞)와 그의 아내 오쯔루 사이에는 자식이 없었다.

시집온 지 10년이 넘도록 자식이 없는 것을 고민한 오쯔루는 부처님께 백일 정성을 들였다. 그 정성 때문이었던지 오쯔루는 임신을 했고, 얼마 뒤에 아들을 낳았다. 아들의 이름은 다고사꾸(田吾作)라고 붙였다. 그런데 이 아이가 여섯살 되던 해 오쯔루 여인에게는 문둥병이 발병했다.

문둥병은 무서운 병이다. 잘못하면 집안 식구들이 모조리 감연될 염려가 있었다.

어느 날 오쯔루 여인은 집에서 자취를 감추었다. 며칠 먹을 식량을 갖고 염주를 목에 건채 뒷산에 있는 작은 동굴 속에 몸을 감춘 것이었다. 어린 아들은 어머니를 울부짖었지만 그것도 며칠이 지나자 자연히 잊게 되었다.

한편 동굴 속에 몸을 감춘 오쯔루 여인은 지성으로 부처님께 기도를 들였다. 어미없는 자식인 다고사꾸가 장차 훌륭하게 자랄 수만 있다면 자기는 어떤 고통이라도 달게 받겠노라고 눈물을 흘리면서 기도를 올렸다.

얼마나 지나자 오쯔루 여인은 굶주림때문에 의식을 잃고 죽어 갔다. 오쯔루 여인이 숨을 거두던 날, 이 마을에는 작은 지진이 일어났다. 지진때문에 동굴의 입구가 무너져 내렸다.

동굴 안에서 오쯔루 여인의 시체는 백골로 변해 갔다. 허나 오쯔루의 영혼은 죽지 않고 살아 있었다. 그녀는 꿈결 속에서도 항상 아들에 대해 기도하는 것을 잊지 않았다.

그뒤 수백년에 걸친 긴 세월이 흘렀다.

다고사꾸는 그뒤 다시 재생(再生)했다. 그가 바로 와다나베 여인의 외조부(外祖父)였다. 그는 젊어서부터 광산에 미쳐 다녔다. 어쩌면 다고사꾸의 마음 속에 숨겨진 동굴 속에 파묻혀 죽은 어머니를 그리워하는 심정이, 그의 숨은 광산열의 동기였었는지도 모르리라.

다음 날 와다나베 여인은,

"선생님의 말씀이 맞았어요. 저의 외조부님은 광산을 경영하셨던게 분명하답니다. 그러니까 메이지시대(明治時代)의 일이었죠."

하고 보고했다.

"그러니까 그 외조부님이 돌아가신 뒤에 이번에는 부인으로 재생을 한 것입니다. 칠호촌 마을 뒷산 동굴 속에서 굶어 죽은 오쯔루 여인의 혼백이 빙의되었기 때문에 부인은 이런 병을 앓게 된 것입니다."

"정말 그런 일이 있을 수 있을까요."

"네, 있을 수 있습니다. 오쯔루 여인은 지금도 자기가 죽었다는 사실을 모르고 있습니다. 또 자기가 죽은 뒤 몇 백년의 세월이 지났다는 것도, 자신의 아들인 다고사꾸가 벌써 두번이나 재생하여 지금은 여자가 되었다는 사실도 모르고 있는 것입니다."
"네, 알겠어요."
필자는 '제령'을 통해 오쯔루 여인의 혼백에게 모든 사실을 알려 주었다.
그녀가 몇 백년 전에 죽었다는 사실, 그때의 다고사꾸는 여성으로 재생했다는 것, 그리고 무엇보다도 오쯔루는 이미 육신(肉身)을 버린지 오래기 때문에 문둥병 같은 병을 앓고 있지는 않다는 사실을 분명하게 가르쳐 주었던 것이었다.
고약한 송장 냄새를 풍기면서 오쯔루 여인의 영혼은 빙의되었던 와다나베 여사의 몸에서 떠나갔다.
다음 날 이야기를 들으니 환자의 경과가 기적적으로 좋아졌노라고 했다.
자식을 생각하는 지극한 사랑때문에 죽은 지 몇 백년이 지나도록 스스로의 목숨이 끊어진 줄 모르고 기도하고 있는 여인, 몇 백년 전에 다고사꾸였을 때 어머니를 찾아 헤매던 마음이 그뒤 광산을 하게 되는 재생된 인간의 동기가 되었다는 사실, 인간이 지닌 사랑은 분명 시간과 공간을 초월한 것임을 보여준 좋은 보기라고 생각된다.

4. 지구인(地球人)이 된 우주인

 필자와 같이 영사능력(靈査能力)을 갖고 보면 사람 보는 각도가 자연히 다른 사람들과는 달라지게 마련이다.
 오늘을 사는 눈으로 볼 때, 필자를 찾아오는 이들은 다같은 동포들이지만 전생을 놓고 보면 그들의 경력은 다양하기 이를데 없게 마련이다. 전생에서도 사람이었던 경우는 오히려 드물고, 동물령이 진화해서 인간이 된 경우, 자연령(自然靈)이 인간세계에 나들이 온 경우 등이 너무나 많은 것이다.
 이 사회에서 지위가 높고 권력이나 재력(財力)을 갖고 있다고 해서 그가 반드시 고급령(高級靈)이 아님은 더 말할 나위도 없다. 오히려 고급령이 재생한 경우는 아무 이름 없는 서민중에 많은 것이 사실이다.
 한편, 외계인(外界人) 즉 우주인(宇宙人)들도 상당한 수효가 인간으로 재생해서 살고 있는게 분명하다. 우주인이 지구인과 똑같은 모습으로 둔갑해서 살고 있는 예도 많으리라고 생각되지만 그 보다는 우주인의 영혼이 지구인의 육체를 쓰고 태어난 경우가 더 많으리라고 생각된다.
 필자가 알기에 이 우주에는 이런 원칙이 지켜지고 있다고 생각한다.
 〈그 별에서 태어나지 않은 자는 그 별의 운명에 대해서 관

여할 수 없다.〉

이것은 절대 내정 불간섭의 원칙이다.

가령, 선진 은하문명(先進銀河文明)이 존재하고 있다고 하자. 그들의 파견원이 볼때, 이대로 방치해 두면 지구형 생명(地球型生命)이 멸망해 버릴 것 같다고 느껴지더라도 그들은 공개적으로 간섭을 할 수는 없다는 이야기이다.

고작해야 비행접시와 같은 우주선을 타고 와서 자주 사람들 눈에 띄게 함으로써 외계에는 지구인보다 더 발달된 문명이 있다는 암시를 줄 정도에 그치고 있는 실정이다.

그러니까 만일 지구의 운명에 대해 꼭 간섭해야만 될 경우, 그들이 취하는 방법은 꼭 하나——궤도비행에 들어간 우주선 속에 일종의 가사상태로 들어간 뒤, 우주인의 육체에서 탈출한 그들의 에너지 생명체가 지구의 영계(靈界)관리층의 정식 허가를 받고 지구인으로서 재생하는 방법이다.

그러나 모든 에너지 생명체인 영혼은 육체 속에 갇히는 순간, 그들의 전생(前生)에서의 기억을 상실하게 되어 있으니까 지구인으로 재생하는 것이 아무런 뜻이 없지 않느냐는 반문이 나오리라고 생각한다.

그러나 그렇지가 않다.

지구인으로 재생한 우주인은 그들의 뇌파 진동파장이 고유하기 때문에 궤도비행을 하고 있는 우주선에서 충분히 원격조종이 가능하다. 그들이 생각하고 경험하는 것은 하나도 빠짐없이 우주선으로 송신(送信)되어 기록되고 조절되게 마련이다. 오늘날 이 땅 위에는 이런 종류의 지구인 모습을 가진 우주인들이 여러 분야에서 크게 활동하고 있는게 분명하다.

아니 어쩌면 아득한 옛날부터 우리 인류는 이런 우주인들의 손에 의해 관리 발전되어 온 것이 아닌가 싶기도 하다.

크거나 적거나 역사의 수레바퀴를 바꾸어 놓은 사람들, 뛰어난 사상가나 발명가들의 대부분은 이런 사람들이 아닌가 하는 생각이 들기도 한다.

한편, 이런 우주인들은 우리의 태양계(太陽系) 안에서만 온 것은 아니라고 생각된다. 실리우스 태양계, 오리온 성좌(星座), 심지어는 안드로메다 성운(星雲)에서 온 우주인도 있을 것으로 짐작한다.

물론 오늘날의 지구의 과학지식으로 본다면 필자의 이런 이야기는 하나의 망상(妄想)에 지나지 않는다.

광속(光速)을 절대속도라고 믿고 있는 한, 항성간(恒星間)의 여행은 실질적으로 거의 불가능한 것이기 때문이다. 그러나 별과 별 사이의 우주여행을 할 수 있는 문명(文明)은 우리보다 몇 천년 내지는 몇 만년 앞서 있다는 것을 알아야 한다.

백년 전만 해도 오늘날의 항공기는 불가능한 꿈이 아니었던가?

먼 별나라에서 미개발 혹성의 문명을 연구하기 위해 지구인이 된 우주인도 있을 게고, 하여튼 지금 이 지구 위에는 많은 우주인들이 남몰래 섞여 있는 것만은 분명하다.

어느 날 필자를 찾아온 손님 한 분[그는 광주에서 온 젊은 대학생이었다]이 이런 질문을 해온 일이 있었다.

"선생님은 다른 사람들의 전생(前生)에 대해서 많은 이야기를 하셨는데 선생님 자신의 전생에 대해서는 별로 언급한 일이 없는 줄 압니다. 선생님의 전생은 어떠했으며, 또 이번 생을 끝내면 어디로 가실 것입니까?"

이 대담한 질문 앞에 필자는 잠시 당황했다.

"글쎄올시다."
　다음 순간, 필자의 마음은 텅 빈 상태가 되었다.
　필자의 마음의 스크린에 비친 장면은 우주공간에서 본 지구의 모습과, 그 궤도 위를 돌고 있는 하나의 우주선이 보였다.
　그 우주선 안에는 살아 있는 생명은 하나도 없는게 분명했다.
　다만 유리관 속에 누워 있는 한 사나이, 그는 이상하게도 필자와 비슷한 모습을 하고 있었다. 얼른 보기에 굉장히 오래된 우주선인 게 분명했다. 몇 만년, 몇 십만년, 아니 어쩌면 천 만년 이상 옛날에 지구를 찾아온 우주선이 아닌가 했다.
　그러나 어디선지 소리없는 소리가 들려 왔다.
　"너는 이번 주기에 네가 맡은 사명을 완성해야 한다. 만일에 또다시 실패하면 다시 윤회의 수레바퀴를 타고 돌아야 한다. 그리고 고향으로 돌아가고 싶지 않으냐."
　그러니까 사명을 완성하고 죽으면 이 우주선 안에서 잠에서 깨어나듯 깨어나는 것이 아닌가 하는 생각이 들었다.
　다음 순간 이 환상은 씻은듯이 사라졌다.
　물론, 이것이 사실인지 단순한 환상인지 구별할 길은 없다.
　다만 체질개선의 원리를 앞으로 전세계적인 규모로 보급하는게 필자가 맡은 사명인 것만은 분명하다. 필자의 전신(前身)이 우주인이든 지구인이든 그것은 아무래도 좋은 일이라고 생각한다.
　오늘의 필자는 엄연히 이 지구 위에 태어난 지구인(地球人)이오, 또 한국인인게 분명하다. 필자가 살고 있는 조국이

전쟁의 위기에서 벗어나야 하고 내 나라 내 민족부터 구해야 한다는 것은 의심할 여지도 없는 일이다.

아직 우리 지구인에게는 지구가 필요하다. 육체를 버릴 단계로까지 진화되지 않은게 분명할진대 어떻게든 공해문명을 이겨내고 살아남는 민족이 되어야 한다. 그러기 위해서 사람들은 저마다 자기가 맡은 일에 충실하면 된다. 필자는 체질개선의 원리를 가능한 한 많은 동포들에게 보급하면 그것으로 충분하다고 본다. 주어진 순간에 최선을 다해 살면 그것으로 만족할 줄 알아야 한다.

5. 북극성(北極星)에서 온 사람들

몇년 전 충주에서 한 괴짜 젊은이가 필자를 찾아온 일이 있었다.

그는 설흔이 훨씬 넘었으나, 아직 총각이었고 또 가까운 집안 식구라고는 아무도 없는 홀몸이라고 했다. 알고보니 경기고 후배였고, 그는 6.25 사변이 나던 그 해부터 줄곧 심한 두통때문에 고통을 받아왔노라고 했다. 병원에서의 좋다는 치료는 다 받아보았으나 전혀 효과가 없었다는 이야기였다.

"혹시 6.25 사변때 머리에 총상(銃傷)을 입고 죽은 형제가 없습니까?"

"네, 저의 큰 형님이 공군이었는데 머리에 총상을 입고 돌아가셨습니다. 그리고 그 형님이 각별히 저를 사랑해주셨던 것도 또한 사실입니다."

"그 형님의 영혼이 빙의되어 있는게 분명하군요. 그런데 그 분은 아직도 당신이 오래 전에 죽었다는 사실을 모르고 계신 것 같군요."

"그럼 '제령'을 해주실 수 없습니까?"

필자는 왜 그런지 마음이 내키지 않았다. 다음날 낮 열 두시에 오라고 하고 돌려보냈다. 다음날 이 젊은이는 서울에 사는 여러 친구들과 함께 필자를 찾아왔다. 이들 여러 사람들이 지켜보는 가운데에서 빙의령은 이탈을 했고 그 젊은이의 몸에서는 야릇한 냄새가 풍겼다. 한마디로 송장 썩는 냄새였다.

'제령'이 끝나자, 그는 오랫동안 계속해서 아팠던 두통이 씻은듯이 가셨노라고 했다. 함께 온 그의 친구들은 모두 놀라워 했다. 이때 '제령'을 목격한 사람들의 식구들 가운데 여러 명이 필자에 손에 의하여 체질개선을 했고, 그 중에는 필자의 손이 가지 않았더라면 꼼짝없이 죽었을 환자도 여러 명이었다.

만일 이때 시골에서 올라온 젊은이를, 혼자 찾아온 첫날 '제령'을 했었더라면 그는 그 길로 시골로 내려갔을 것이오, 다음 날 친구들을 데리고 오지는 않았을 게다.

그렇게 되면 적어도 몇 사람은 꼼짝없이 죽었을 것이다.

나중에 생각해 보니 그들의 목숨을 구해 줄 인연이 있어서 그날은 그토록 마음이 내키지 않았던 것이로구나 하는 것을 깨달을 수가 있었다.

하여튼 이날의 성공적인 '제령'이 있은 지 며칠이 지난 뒤, 이때 목격자 가운데 한 분이 부인을 동반하여 필자를 찾아왔다.

그들 부부를 영사(靈査)해 보니 그들은 전생(前生)에서는 한 사람이었고, 그 뒤 재생(再生)을 할때 두 개의 영혼으로 분리하여 부부가 된 것이 분명하다는 생각이 들었다.

"바깥 양반과 부인은 서로 상대방을 속이지를 못하겠습니다. 한편이 하는 일을 다른 쪽에서 직감으로 느끼겠는데요."

"그것을 어떻게 아시죠."

"두 분은 같은 영파(靈波)의 파장(波長)을 갖고 있는 전생에서는 한 사람이었기 때문입니다."

"그럼 우린 천생연분이군요."

"그렇다고 할 수 있지요. 참 그리고 그 앞서는 두 분은 지구인이 아니었던 것 같습니다. 북극성 주변을 도는 떠돌이 별에서 온 우주인인 것 같습니다."

필자의 이 말에 그들 부부는 깜짝 놀라는 눈치였다.

"저는 어머니가 칠성님께 백일기도를 들여서 얻은 아들이라고 합니다. 또 등 뒤에는 북두칠성 모양의 검은 점이 어려서부터 뚜렷이 나 있기도 하고요."

남편이 한 말이었다.

이 뒤, 이들의 영파 파장이 같다는 것은 곧 증명이 되었다.

부인이 체질개선을 받고 격렬한 반응을 일으켰는데, 그 같은 시간에 남편에게도 똑 같은 반응이 일어났던 것이었다.

그뿐만이 아니었다.

부인이 체질개선이 끝나던 날, 남편도 자동적으로 체질이 완전히 개선되었을 뿐만 아니라 얼마 뒤에는 진동수를 만들 수 있는 초능력까지 갖추게 되었던 것이었다.

그가 반포 아파트에 살고 있기에 우리 연구원에서는 '반포의 김도사'로 통한다.

그뒤, 이 김도사의 소개로 여러 사람들이 필자를 찾아왔는데 그 중 최초의 '제령'할 때 입회했던 사람들 가운데 또 한 명 필자의 고등학교 후배가 있었다.

그의 아버지는 우리나라 저명인사들 가운데 한 분으로 현 정부의 고관(高官)까지 지내신 일이 있는 터인데, 그 역시 미국 유학생이기도 했다.

그런데 이 후배의 부인을 영사해 보니 역시 북극성에서 온 우주인의 영혼이 환생한 사람이었고, 그들 부부 역시 반포의 김도사나 마찬가지로 같은 '영파'를 지닌 그런 사람들임이 밝혀졌다.
　필자를 찾아왔을 때 부인[이제부터 김명자 여사라고 부른다]은 임신 3개월이 가까운 몸이었다.
　"안선생님이 그렇게 말씀하시니까 이야기입니다만, 저는 어려서부터 6개월마다 아주 이상한 꿈을 꾸곤 했습니다. 비행접시에서 제가 땅 위로 내려오는 그런 꿈이었습니다. 같은 승무원들 사이에서 지구인을 멸망시켜야 한다는 토론이 나왔을 때 저는 반대를 하는 것이었어요. 그들 어린 생명체에게도 기회를 주어야 한다는 것이었어요. 제가 처음으로 그런 꿈을 꾼 것은 여덟살 때였는데 저는 그때까지 한 번도 비행접시에 대한 이야기를 들어 본 일은 없었거든요."
　이뒤 얼마가 지난 어느 날 저녁 때였다.
　밤 9시가 넘었을 무렵인데 김명자 여사의 남편에게서 전화가 걸려 왔다.
　"제 처가 갑자기 급한 병이 생겨서 내일 아침 수술을 받게 되었습니다. 그런데 수술 결과 살게 될지 여부는 의사들도 장담을 할 수가 없다는 것입니다. 게다가 제 처는 아이를 유산시키는 것을 아주 싫어하고 있습니다. 어떻게 선생님이 와 주실 수 없을까요."
　하는 전화를 통해 들려오는 목소리는 아주 다급했다.
　들어보니 K병원 특실에 입원하고 있노라는 이야기였다.
　필자는 체질개선 연구가일 뿐, 의사는 아니라는 것, 위급한 환자는 다룰 수 없을 뿐 아니라 더구나 K병원에 간다는 것은 있을 수 없는 일이라고 거절을 했으나 김명자 여사의 남편의 호소는 너무나 애절해서 끝내 물리치기가 어려웠다.
　모험인줄 알면서 필자는 K병원 특실을 찾지 않을 수 없었다.

제5장 시공(時空)을 초월한 마음 197

　침대에 누워 있는 환자를 본 순간, 필자는 눈 앞이 아득해 짐을 느끼지 않을 수 없었다.
　"맹장염, 췌장염, 복막염, 신우염이 한데 병발했군요."
　"그걸 아시는 것을 보니 안선생님은 틀림없이 저를 살려주실 거예요. 얼굴만 보고 그걸 아시니 말씀이예요."
　필자는 한동안 마음 속으로 하나님께 기도를 올렸다.
　이윽고 필자의 손이 환자의 배 위에 가볍게 닿는 순간 시체 냄새가 병실안에 안개처럼 서리었다.
　"병원에서 죽은 많은 사람들의 영혼들이 빙의된게 분명하군요."
　필자는 필자의 손에 끼고 간 반지 하나를 빼어 그녀의 손가락에 끼어 주었다.
　"지금 빙의령들이 놀라서 이탈을 하기는 했지만 다시 침범하려고 하기가 쉬우니까 만일 이상한 일이 생기거든 나는 하나님의 딸이다, 아무도 나를 침범할 수 없다, 옴·마니·반메·훔 하고 정성으로 외우십시오."
　하고 필자는 이야기했다.
　간단한 시술이 끝나자 환자는 소변이 마렵다고 했다.
　잠시 뒤, 환자는 아주 시원하게 소변을 보았노라고 하면서 이제는 거의 아무런 통증을 느낄 수 없노라고 했다.
　이날 밤, 집에 돌아온 뒤에도 필자의 마음은 저으기 불안했다.
　"의사들 이야기가 위급한 경지는 벗어났으니까 수술은 보류하는게 좋답니다. 이대로 지나면 내일쯤은 퇴원할 수 있다는군요. 아무튼 선생님 덕입니다."
　하는 이야기를 들었을 때는 정말 안도의 한숨을 몰아 쉴 수가 있었다.

김명자 여사는 그 이틀 뒤, 병이 거의 완쾌한 상태로 K병원에서 퇴원했다.

"선생님이 반지를 주고 가신 뒤, 한시간쯤 지날 무렵이었습니다. 저는 침대 위에 앉아 있었는데 갑자기 복도에서 스립퍼 끄는 소리가 들려 왔습니다. 정신을 차려보니 앞의 벽이 안보이고 병원용 자리옷을 입은 남녀가 두 줄로 늘어서 제 방으로 들이오려고 하지를 않겠어요. 저는 선생님이 가르쳐 주신대로 열심히 기도를 했습니다. 그랬더니 한참만에 그들은 뒤로 돌아서더군요. 그와 동시에 앞의 벽이 다시 보였습니다."

이뒤, 김명자 여사는 귀여운 딸을 낳았다. 이 댁에서는 누가 아프기만 하면 필자를 찾아온다. 흡사 주치의가 된 느낌이라고나 할까, 허나 필자는 절대로 의사는 아니다. 어디까지나 체질개선 연구가에 지나지 않을 뿐이다.

김명자 여사는 필자가 보기에 뛰어난 영능력의 소유자이다. 어느 날엔가 그녀가 이 영능력을 개발하여 인류사회를 위해 봉사하게 되기를 비는 마음 간절한다.

6. 어느 충신(忠臣)의 후예

임진난(壬辰亂) 당시 진주 근처 어느 산성(山城)을 지킨 장군의 이야기이다.

겹겹이 산성을 에워싼 왜군과 싸우다가 유일한 무기인 화살도 떨어지고 식량도 떨어졌다. 성주(城主)인 장군은 왜군 앞에서 항복하는 것을, 거부하고 성을 지키던 군사 7백명과 더불어 할복자살을 했다.

이 이야기는 뒤에 조정에게까지 알려지게 되어 장군은 충신이라고 해서 나라에서 시호도 내려지고, 사당(祠堂)도 마련되었다. 그런데 어찌된 일인지 이 충신들의 자손들이 별로 번성하지 못했다.

대개가 젊은 나이에 요절하는 경향이 많다는 것이었다.

조치원의 어느 국민학교에서 교편을 잡고 있는 박영자(가명임) 선생이 그 직계 후손이었다.

"저의 집안은 남자가 되지를 않습니다. 대개 설흔을 넘긴 사람이 없다고 합니다. 그리고 저도 설흔이 넘도록 출가를 하지 못했구요. 이것이 어찌된 까닭일까요. 나라를 위하여 목숨을 바친 충신의 자손들이 어째서 이 모양일까요?"

하고 박영자 선생은 하늘을 원망하는 듯한 말투였다.

"그것은 그렇지가 않습니다. 그때 박장군이 정말로 나라를 위하는 충성이 있었다면 성문을 열고 밖으로 나가서 7백명 군사들과 더불어 적군과 싸우다가 죽었어야 합니다. 결국 조장군은 자신의 명예를 생각한 나머지, 7백명의 젊은 군사들로 하여금 스스로 목숨을 끊게 했다는 것은 아주 큰 죄를 진 것입니다. 활복자살할 용기가 있다면 밖으로 나가 적의 포위망을 뚫고 나가서 후일을 기약할 수도 있었던게 아니겠어요."

"그러고 보니 그렇군요."

"목숨은 하늘이 주고 하늘이 거두어 가는 것입니다. 인간에게는 태어나고 죽을 수 있는 자유는 처음부터 없다는 것을 알아야지요. 천명(天命)을 다 한다는 생각을 갖고 우리는 어떤 역경(逆境)과도 싸워나가야 되는 것입니다. 역경을 당한 것은 무엇인가 그것이 우리의 영성(靈性)을 높이기 위해 필요해서 주어진 것입니다. 그러기 때문에 가장 큰 죄는 천명을 다하지 않고 스스로 목숨을 끊는 행위입니다."

"네."

"7백명의 젊은 군사들로 하여금 나라를 위해 끝까지 싸울 기회를 주지 않고 자결을 시켰다는 것은 용서 받지 못할 죄를 범한 것입니다. 만일 산성의 문을 열고 나가서 싸웠다면 그들은 천명을 다 한게 되고, 또 그중에 몇십명 쯤은 살아남아서 후손을 남겼을 것입니다. 그런데 장군은 그런 기회를 아주 없애버린 것입니다. 그리고서 어찌 당신의 자손이 번성하기를 바랄 수 있습니까?"

박영자 선생은 고개를 숙인채 아무런 대답을 하지 못했다.

"박선생도 자신을 불행하다고만 생각지 말고 그날 그날 최선을 다해서 살아가십시오. 또 말 한마디 행동 하나라도 이웃을 사랑하고 아끼는 정신에 철저하십시오. 사람은 관 뚜껑

제5장 시공(時空)을 초월한 마음   201

을 닫기 전에는 아무도 결론을 내릴 수 없는 겁니다. 오직 이것이 내가 할수 있는 가장 좋은 행동이다 라고 믿어지는 삶을 살면 되는 것입니다. 심판은 하늘이 내리는 것이지, 사람이 내리는 것은 아닙니다.
　보십시오. 박장군의 행적에 대해서 사람들은 충신이라는 판단을 내렸지만, 하늘은 우주의 섭리를 어긴 죄인으로서 다스리고 있지 않습니까?"
　"잘 알았습니다."
　하고 박영자 선생은 밝은 얼굴을 지어보였다.
　박영자 선생에게서는 그뒤 소식이 없지만 '무소식이 희소식'이라니까 잘 지내고 있으리라고 생각한다.

7. 빙의(憑依)된 필자 이야기

　언젠가 한번 기술한 일이 있다고 생각되지만, 필자는 어려서 자란 집안 환경이 종교하고는 거리가 먼 분위기여서 소년시절에는 무신론자(無神論者)였었다.
　그러던 것이 어른이 되어 여러가지 신비스러운 일들을 겪는 가운데 어느덧 필자 나름대로의 종교관이 서게 되었고, 지금은 확고한 유신론자(有神論者)가 된 셈이다.
　그러니까 자기자신의 체험을 토대 삼아서 정립된 유신론이고, 따라서 필자가 현재 지니고 있는 종교관은 아주 뚜렷하다.
　빙의 문제만 해도 그렇다.
　요즘 거의 매일같이 필자를 찾아오는 빙의된 사람들 이야기를 듣고 보니, 필자 자신이야 말로 아주 오랜 세월에 걸쳐서 빙의되어 있었던 것이라고 생각된다.
　아무런 뚜렷한 병없이 항상 머리가 아팠다든가, 아주 어린 소년이 강렬한 성욕을 느꼈다든가, 전혀 배운 일이 없는 여러가지 사실들을 알고 있었다든가, 어지러운 증세와 피곤한 느낌을 항상 지니고 있었던 것 등은 빙의된 상태에서 빚어지는 현상인데, 이것들은 필자 자신의 어린 시절 상태였던게 사실이다.

몇년 전 일이었다.
 그때가 대연각(大然閣) 호텔이 불탄 뒤, 몇달이 지난 무렵이 아니었던가 한다. 하루 저녁, 필자는 제자들과 더불어 대연각 호텔 앞을 지나가면서 언젠가는 체질개선일로 해서 일본에 가게 되리라는 이야기를 한 일이 있었다.
 그런데, 일본 가는 이야기를 한 순간이었다. 갑자기 등골이 오싹해짐을 느꼈고 눈 앞이 어지러워지는듯 했다. 집에 돌아온 뒤에도 구역질이 나고 어지러운 증상은 멎지 않았다.
 혹시 저녁식사가 잘못된 것이 아닌가 생각했다. 그래서 다음날 오후 필자는 제자가 경영하는 H한의원에 갔다. 양여사(필자의 지도를 받은 제자)에게 어젯밤부터 구역질이 나고 어지러운 증세가 있다고 했더니 그녀는 한동안 물끄러미 필자의 얼굴을 보더니 무릎을 치면서 웃었다.
 "아아니 안선생님한테도 빙의가 되는군요. 대연각 호텔에서 타 죽은 일본인 두사람이 빙의되어 있는 것 같습니다. 일본에 가신다는 이야기를 한 순간 들어온 모양입니다."
 그 말을 듣고 보니, 필자의 몸에 일어난 현상은 빙의되었을 때 일어나는 증세인게 분명했다. 필자는 그자리에 조용히 앉아 두 눈을 감고 영사(靈査)를 했다.
 그러자 다음과 같은 장면이 보였다. 장소는 어딘지 모르는 시골이었다. 처음에는 초가집만 보이더니 이윽고, 근처 숲 속에서 나오는 사람들을 보니 갑옷을 입은 일본 무사들이었다.
 임진난 당시의 어느 농촌 풍경인듯 했다. 그들은 손에 횃불을 들고 있었고 마을의 초가집에 불을 지르는 것이었다. 사람들의 아우성 소리가 멀리서 들려오는듯 했다. 이윽고 마을 사람 두어명이 뛰어 나왔으나 그들을 강제로 불타는 집안으로 떠다밀었다.

그들 병사들 가운데 재미있다는 듯이 히죽히죽 웃고 있는 두 사람의 얼굴이 크게 떠오르자 장면은 사라졌다. 필자에게 빙의된 영혼들, 그들은 전생(前生)에서 임진난 당시 한국에 처들어온 사무라이인 것이 분명했다.

필자는 그들을 조용히 타일렀다. 전생에서 아무 죄없는 사람들을 불태워 죽였기 때문에 몇백년 뒤에 다시 자기 발로 한국을 찾아와서 불타 죽었다는 것, 영혼은 육체와는 달라서 가고저 하면 아무 데나 갈수 있는데, 사람의 몸에 빙의해서 고향으로 돌아가야겠다는 생각이 잘못이라는 것, 그들이 돌아갈 곳은 일본이 아니고 저승이라는 것 등을 타일르고 그들의 보호령들을 불러 필자의 몸에서 이탈시켰다.

그들이 떠나는 순간, 나의 머리는 개운해졌다.

"안선생님 손 끝으로 분명히 빙의령들이 나가는 것이 보였습니다."

하고 양여사가 확인해 주었다.

이밖에도 필자는 여러 번 경험이 있지만, 그때마다 필자 자신의 힘으로 제령을 했던게 사실이었다.

부인네들이 아기를 갖게 된지 서너달 될 때, 구역질이 나는 것도 아기의 영혼이 몸 안에 들어와서 생명력을 감소시키고, 많은 배기가스를 내어품기 때문에 일어나는 현상이다.

아기를 임신한다는 것은 결국 자궁 안에 하나의 생명이 기생하여 성장하는 현상임을 알아야 한다. 또한 우리가 항상 올바른 마음을 지니고 조화된 생활을 하면 빙의령은 가까이 올 수 없다는 것도 알아야 한다.

병적(病的)인 음란증도 일종의 빙의현상이라고 생각되며,

빙의된 영혼을 제령했을때, 충실한 남편으로 돌아온 예가 많다.

어느 의미에서 우리의 몸과 마음은 무방비상태에 놓여 있는 것이 사실인데, 앞으로 많은 사람들이 심령현상에 대한 뚜렷한 지식을 갖게 되면, 빙의되는 현상도 어느 정도 막을 수 있을 뿐만 아니라, 자신의 병세(病勢)가 빙의령때문에 생긴 것인지 아닌지를 쉽게 판단하게 되리라고 생각한다.

초상집에 문상 갔다가 병을 얻는 수가 많은데, 이런 것은 빙의된 대표적인 경우라고 할수 있다.

8. 한국인으로 재생(再生)한 외국인들

그동안 20여년의 경험을 종합해 보면, 사람이 윤회를 거듭하는 동안, 여러 시대와 여러 나라의 국민으로 태어난다는 사실을 알수 있었으므로 필자와 같은 입장에서는 심령과학적으로 자연히 세계를 하나의 단위로 생각하게 된다.

아니, 세계가 하나의 단위라고 하기 보다는 이 우주가 하나의 커다란 단위라고 하는 것이 정확할 것이다.

그런데, 윤회 과정에서 때로는 동물이 인간이 되기도 하고 또 그 반대인 경우도 있다. 그리고 자연계의 정령(精靈)이 인간으로 태어나는 경우도 있다.

이렇게 볼때, 우주 대생명(宇宙大生命)에 근원을 둔 모든 생명은 그 진화 상태에 따라 여러가지 형태를 취하는 것임을 알 수가 있다.

또한 이같은 생명의 근원이 되는 우주 대생명을 하나님이라고 부르는 것이 아닌가 하고 생각된다.

생명은 그 자체가 하나의 질서 세계를 지니고 있으므로, 그 질서를 스스로 해쳤을 때는 병들게 되고 무너지게 되는 것이 아닌가 싶기도 하다.

1) 첫번째 이야기

1975년 봄이 아니었던가 한다.
 한때 영화제작가로 유명했던 호현찬씨의 부인이 필자를 찾아온 일이 있었다. 상당히 완고한 신경통 증세때문에 많은 고통을 받고 있는 부인이었다.
 체질개선 시술을 며칠 받고 신경통은 깨끗이 사라졌다. 그런데, 이분은 불심(佛心)이 두터운 분이어서 당신의 전생(前生)을 알고 싶다고 했다.
 "부인께서는 전생에 프랑스 사람이었던 것 같습니다. 프랑스의 브르타뉴 지방에 있는 큰 목장의 여주인이었는데 생전에 제비꽃을 굉장히 사랑해서 자기가 죽거든 관속에 제비꽃을 가득 넣어달라고 유언까지 하셨군요."
 "네, 제가 지금 제일 좋아하는 것이 제비꽃입니다. 그리고 남편과 함께 구라파 여행을 갔을 때, 프랑스의 브르타뉴 지방을 찾아 간 일이 있는데, 그곳 풍경이 모두 낯이 익고 그냥 눌러 살고 싶은 생각이 들었던 것도 사실입니다."
 다음날, 부인은 따님을 데리고 필자의 연구원을 찾아왔다.
 따님의 전생도 알고 싶다는 이야기였다.
 "따님은 전생이 사람이 아니군요. 제비꽃의 정령(精靈)이 처음으로 인간으로 태어난게 분명합니다. 따님은 도심지에서 사는 것 보다는 산 근처에서 사는 것이 건강에 좋겠고, 예술에 대해서도 뛰어난 천분이 있으며, 또 자기보다 나이가 훨씬 많은 남성으로부터 지극한 사랑을 받기가 쉽겠습니다. 결혼도 역시 사랑받는 입장이 되기가 쉽겠습니다. 같은 나이 또래의 남자와 결혼하면 행복하기가 어렵겠어요. 몹시 수동적이고 내성적인 성품인 것 같습니다."
 따님은 시인(詩人)으로서 신인문학상을 탄 일도 있노라고 했다. 어머니가 전생에서 제비꽃을 지나치게 사랑했기에 꽃의 정령이 모녀의 인연을 맺고 태어난 경우이다.

사람의 마음의 힘, 애착이 다음 번 생애에서의 운명을 바꾸게 하는 좋은 실례가 아닌가 한다. 그뒤, 부인에게서는 아무런 연락이 없었기에 따님의 결혼 여부에 대해서 필자는 아는바가 없으나, 전생의 인연을 알면 앞으로의 처신에도 큰 도움이 될 것으로 생각된다.

2) 두번째 이야기

몇해 전 일이다.

하와이에 이민간 교포 미용사 한 분이 심한 신경통때문에 고생하다가 그곳 의료기관에서 좋은 효과를 거두지 못해 고국에서 치료받으러 귀국했다가 필자를 찾아온 일이 있었다. 그녀는 약 일주일 가량 시술을 받은 뒤, 몸이 완쾌되었는데 하와이에 막상 이민하고 보니 고국을 떠난 것이 몹시 후회스럽다고 했다.

"왜그런지 불안합니다. 화산(火山)이 폭발해 섬이 바다로 가라앉을 것만 같이 느껴지거든요. 옛날, 중국의 어떤 사람이 하늘이 내려앉을까봐 걱정했다는데, 저도 이것이 일종의 노이로제가 아닌가 싶어요. 그런데 왜 이런 기분을 느끼는지 그 이유를 모르겠어요."

필자가 그녀에 대해 영사해 보니 그 이유를 알 수 있었다.

아득한 옛날, 지금부터 2천년 전이 아니었던가 한다.

하와이의 어느 섬에 살던 원주민 한 사람이 바다에 고기를 잡으러 나간 사이, 화산이 폭발하여 그가 살던 섬은 순식간에 바다 속으로 가라앉았다. 몹시 당황한 그는 배를 돌려서 근처 다른 섬으로 가려고 했는데 그만 해류(海流)에 휩쓸려서 정처없이 표류하는 몸이 되었다.

여러 날 동안 표류했는데, 아니 어쩌면 한달 가까운 시간이 흘렀는지도 모른다. 그가 정신을 차려보니 낯선 바닷가에 쓰러져 있었다. 그곳이 아마 지금의 목포 근처 어느 바닷가가 아니었던가 싶었다.

그는 결국 이곳에 상륙해야 했고, 급기야는 귀화하게 되었다. 그뒤, 그는 한국인으로 여러 번 재생(再生)했다. 마지막에는 여자로 태어나기도 했다.

그러다가 대한제국 고종 황제 시대에 하와이에 망명한 사람으로 부터 청혼을 받아 하와이로 이민했다. 그러나 몇천년 만에 돌아온 하와이에서의 이민생활은 고달프기만 했다. 다시 고향으로 돌아오는게 소망이었기에 그녀가 죽자 다시 한국 땅에 재생했다. 그러나 한국에서 살다보니 역시 사정은 어려웠다.

그래서 다시 고향으로 찾아간 것이었다.

"그러니까 지진에 대한 공포증은 심층심리 속에 심어진 오랜 옛날의 기억때문에 생긴 것입니다. 그러니까 그렇다는 사실을 분명히 인식하게 되면 그런 공포심은 자연히 사라지게 됩니다."

그뒤 얼마 지나서 그녀는 다시 하와이로 돌아갔고 아무런 소식이 없다. 외국으로 이민 가는 사람들도 역시 알고 보면 무엇인가 전생(前生)에서 부터 인연이 있던 나라를 찾아가는게 분명하다는 좋은 예가 아닌가 한다.

3) 세번째 이야기

〈북극성에서 온 사람들〉속에서 언급한 김명자씨에 대한 이야기를 다시 더 적어 보기로 한다.

김명자씨는 두번째 아들을 일찍 잃었는데, 항상 죽은 아이에 대해서 못잊어 하곤 했었다고 한다.

어느 날에는 꿈에 죽은 아들이 나타나서,

"어머니, 저는 다시 어머니의 자식으로 태어나게 될거예요."

하고는 이내 태기(胎氣)가 있었다고 한다.

그런데, 이 아기 임신중 한번 사경(死境)을 헤맨 일이 있었는데 무사히 그 고비를 넘기고 지난 해 12월에 순산으로 귀여운 딸을 낳았다. 그런데 산월(産月)을 두어 달 앞두고 아주 이상한 꿈을 꾸었다고 한다.

저녁때, 남편이 늦게 귀가했는데 누군가 계집아이가 그 뒤를 따라 들어온 인기척이 났다는 것이었다. 꿈은 아주 단순했지만, 깨고 나서도 왜 그런지 몹시 마음에 걸리더라고 했다.

"이번에는 틀림없이 따님을 낳으시겠군요."

이렇게 해몽하는 사람도 있었는데, 그뒤 얼마 지나서 또다시 아주 이상한 꿈을 꾸었다는 것이었다.

꿈 속에서 김명자씨 부부는 어느 노인의 초대를 받았는데, 그 노인은 깊은 동굴 속에 살고 있었다고 한다. 동굴 속에 들어가니까 노인이 나와 마중하면서,

"세상에서 보기드문 신기한 일을 보여 드리지요."

하고 어느 방으로 안내하는데, 그 방안에는 그림같이 어여

제5장 시공(時空)을 초월한 마음   211

쁜 여인이 잠들어 있더라는 것이었다.
"이 여자는 고대(古代) 중국에서 크게 이름을 떨친 재색(才色)을 겸비한 여자였습니다. 자아 보십시오."
하고 노인이 손으로 가르키니까 그 젊은 미녀는 그 자리에서 보기 흉한 노파로 변하더니 다시 이번에는 백골이 되고, 이어 가루가 되더니 갓난아이의 모습으로 바뀌더라는 것이었다.
그러자 그 노인이 갓난애를 집어들어 김명자씨 무릎 위에다가 내려 놓는 순간, 깨어보니 꿈이었다는 것이었다.
"김여사께서는 따님의 전생(前生)의 모습을 꿈에서 본 것입니다."
"정말 그럴까요?"
"네, 틀림없습니다. 이 다음에 커서 훌륭한 사람이 될 것이 분명합니다."

4) 네번째 이야기

인도네시아에 파견나간 H건설에 근무하는 직원의 부인이 갑자기 심한 노이로제 증상을 일으켜 고국으로 돌아온 길에, 필자의 연구원을 찾은 일이 있었다.
증상은 금시라도 숨이 막혀 죽을 것만 같은 공포심의 노예가 되어 있었고, 식사도 거의 못하며 잠도 제대로 이루지 못하노라고 했다.
전날, 그녀의 어머니가 필자로 부터 체질개선의 시술을 받고 거의 기적적으로 중병에서 회복된 경험이 있어서 어머니가 데리고 온 것이었다.
"아무래도 제가 보기에는 무슨 영혼이 빙의된듯 해서 데리고 왔습니다."

필자는 그녀를 앞에 놓고 조용히 영사(靈査)했다.

"이 병은 시장(市場)에 물건 사러 갔다가 생긴것 같은데요."

"네, 맞습니다. 시장 옆의 길거리에서 파는 음식을 사먹는 순간, 기분이 이상해졌습니다."

"그 자리에서 아마 얼마 전에 사고가 있었던것 같습니다. 바닥에 돌이 깔려 있지 않았던가요."

"네, 맞습니다."

"어느날, 스쿠터를 탄 수도라라는 이름을 가진 인도네시아 사람이 그곳을 지나다가 갑자기 간질 발작을 일으켜 쓰러지면서 돌바닥에 머리를 치고 죽었던게 분명합니다. 죽는 순간, 그 사람은 기절을 했었죠. 그뒤 며칠이 지난 뒤(그러니까 시체는 치워진 뒤였습니다) 그는 다시 정신이 들었습니다. 하지만 그는 자기가 죽었다는 사실을 모르고 있었습니다. 그 때 아주머니가 이곳을 지나는 순간 빙의가 된 것입니다."

"저하고 무슨 인연이 있었기에 그런 일이 생긴 것일까요?"

아주 오랜 옛날 일이었다.

인도네시아 사람들이 탄 어선 한척이 풍랑을 만나 표류하게 되었고, 결국 얼마 뒤 이 배는 지금의 군산 앞바다까지 떠밀려 들어왔다.

때는 백제 근초고왕(近肖古王)시절이 아니었던가 싶다.

간신이 한명만 살아남은 인도네시아 사람은 결국 백제에서 살게 되었는데, 그는 조각 솜씨가 뛰어났으므로 목각으로 생계를 이어나갔다.

바닷가에 쓰러진 그를 구해 살려준 한 노파는 이 인도네시아의 젊은 어부를 친아들처럼 사랑했다. 그러나 그는 언제나 고국이 그리웠다. 그래서, 그는 고국을 그리워하는 향수를 목각으로 나타냈었다.

그는 결국 생전에 고국인 인도네시아로 돌아가지 못했고 그뒤 계속해서 한국 사람으로 재생해야만 했었다.

"그때 바닷가에 쓰러진 젊은이가 바로 전생에서의 부인이었고, 목숨을 구해준 노파는 지금의 어머니였던게 아닌가 생각됩니다. 그리고 시장에서 빙의된 사람은 전생에서 형제였던 사람이었고……."

이렇게 필자는 영사 결과를 설명해 주었다.

나는 2일간 체질개선 시술을 한 다음, 사흘째 되던 날 '제령'을 했다.

제령을 하자 부인의 노이로제 증상은 깨끗이 사라졌다.

그뒤 두어 번 가량 더 시술을 받아 이 부인은 완쾌된 것으로 알고 있다. 인도네시아 남자같던 인상도 사라진 것은 두말할 나위도 없는 일이었다.

종장
궁금한 이야기들

심령과학 시리즈를 집필하면서 많은 독자들로 부터 다양한 문의편지를 받았다.

대개 비슷 비슷한 내용이 담긴 사연이어서 하나 하나 답장할 수 있는 시간적인 여유가 없는 필자로서는 결례인줄 알면서도 거의 답장을 못하고 말았다.

다시 이 자리를 빌어서 그런 분들에게 대해 정중하게 사과를 올림과 동시에 여기에 간추려서 질의 응답 형식으로 여러분의 궁금증을 풀어볼까 한다.

문1. 제가 심령과학에 관심을 갖는다니까 주위에서 지금은 과학시대인데 그런 미신을 믿는다고 비난을 합니다. 귀신이 어디 있으며 당치도 않다는 것이죠. 미신과 신앙의 차이에 대해서 설명을 해주셨으면 합니다.

답 : 아주 좋은 질문이다. 심령과학이란 글자 그대로 심령문제를 과학적인 방법을 총동원해 연구하는 하나의 학문이다.

미신이란, 믿을만한 가치가 없는 것을 잘못 믿는다는 뜻인데, 이를테면 죽어서 유계(幽界)로 가지 못하는 저급한 영혼이 빙의된 무당의 이야기를 믿는 따위이다.

저급령도 육체를 지니지 않은 실체(實體)이기 때문에 먼 곳을 순식간에 가볼 수 있고, 지나간 일들도 알 수 있는 능력은 있지만, 그들은 어디까지나 우주의 법칙을 어기고 지박령이 된 존재들이므로 선악(善惡)의 구별 능력도 거의 없으며, 우리가 믿고 따를만한 존재가 되지 못하는 것이다.

이와는 반대로, 그리스도나 석가는 인류의 위대한 지도자였던 분이고, 그분들이 남긴 가르침은 능히 인생의 지표가 될 수 있는 진리의 말씀들이었기에 이를 신앙의 대상으로 삼을 수가 있는 것이다.

가령 우리가 험한 산길을 갈 때, 산길에 익숙치 못한 엉터리 안내인을 따라가다가는 목숨을 잃기 쉬운 것과 마찬가지로 그 자체가 저급령인 빙의령을 믿는다는 것은 미신에 속하는 것이 아닐 수 없다.

무릇 종교를 믿어서 그 가정이 파경에 이르렀다든가, 가산을 탕진시킨 그런 경우는 모두가 사교(邪敎)라고 보아도 틀림없다. 종교란 인생에 행복을 가져다 주고 올바른 처신을 시키는 것만이 참다운 것이며, 그밖의 파괴적인 영향을 끼치는 종교는 그것이 어떤 명목을 내걸고 있던 사교이며 미신에 지나지 않는 것이다.

왜냐하면 하나님은 '사랑'과 '지혜'와 '힘'을 조화시킬 수 있는 분이기 때문이다. 악령들도 '지혜'와 '힘'은 있으나 그들에게는 '사랑'이 없는 것이다.

문2. 선생님은 〈악령을 쫓는 비법〉에서 우리 한국인은 세계 인류중에서도 원판인간(原版人間)의 집단이라고 하셨는데, 이것은 다른 나라에서도 얼마든지 찾아볼 수 있는 일종의 선민사상(選民思想)이 아닐까요. 우리가 '원판인간'인 필연적인 이유를 좀더 자세히 설명해 주실 수 없을까요?

답 : 1950년의 6·25사변이라는 비극은 당시 미국과 소련의 세계전략적인 냉전체제하에서 공산주의의 팽창주의에 의해 야기될 간접적인 3차대전과 다름이 없었다. 미국으로 대표되는 자유진영에서는 유엔군이란 기치 아래 영국, 프랑스, 캐나다, 인도 등 17개국이 우리 대한민국을 지원했고, 소련의 공군력과 중화인민공화국의 육군은 북한을 지원함으로써 각각 다른 정치체제의 마지막 대결장이 되었다.

그러나 소련 공산주의 체제의 붕괴로 말미암아 미소간의 핵전쟁 가능성이 없어지면서 핵무기의 상호 감축이 구체화되고 핵폭탄 실험으로 인한 오존층의 축소 현상도 점차 호전되어가고 있다. 전리층(電離層)인 오존층이 소멸되면 지구에 생존하는 인류는 귀먹어리가 되고 외계(外界)에서 들어오는 위험한 방사선을 차단하는 필터가 없는 것과 같으므로 생물 존재가 어렵게 된다.

이같은 가능성은 매우 비관적인 견해이고, 우리 한반도에는 곧 매우 획기적인 대운기(大運期)가 찾아올 것으로 전망되는데, 남북한 사이에 휴전협정이 평화협정으로 대체되면서 통일이 앞당겨질 때, 한국인은 원판(原版)인간으로서 세계인류를 이끌어가는 집단으로 변모될 것이다.

한국인의 뇌파 파장(波長)이 전 인류의 뇌파 파장의 원형(原型)이라면 우리들 마음 먹기에 따라서 세계는 얼마든지 변화 될 수 있는 것이다.

그런데, 무엇보다도 우리 한국인은 전인류의 '원판'이라는 자각심을 철저하게 가져야 한다.
 우리가 민족적으로 굳게 단결하고 국력을 배양한다면 세계 인류중에서 가장 모범적인 원판인간으로 인정받게 된다.
 이 세계는 현상계(現象界)며, 영계(靈界)는 아니다. 영계를 필림이라면 이승은 사진이나 다름이 없다. 우리가 사진의 세계인 이 세상에서 강대국이 아니라고 해서 원판이 아니라는 증거가 될 수는 없다.
 필자는 여러나라 사람들의 체질을 개선시켜 보았는데 한국인의 체질과는 근본적으로 다르다는 것을 깊이 깨달은 바 있다. 우선 외국인들은 오래 앓지를 않는다. 한국인 처럼 수십년 동안 고질병을 앓고 있는 예가 아주 드물다.
 이것은 한국인의 체질이 공해에 대해 저항성이 매우 강하다는 뜻이고, 또 끝까지 살아남을 수 있는 가능성을 가진 체질이라는 뜻도 된다. 인간의 지능이 기적적으로 진화되지 않는 한 우리가 살고 있는 이 공해 문명에는 미래가 없다는 것이 필자의 생각이다. 공해(公害)가 이대로 계속되는 한 인구폭발은 절대로 일어나지 아니할 것이다.
 오히려 인류는 어느 시기를 기점으로 해서 급격하게 생식력(生殖力)을 상실할 가능성이 더 크다고 본다. 인구폭발을 예언하는 학자들의 논리는 너무나 단순하다. 주위 환경의 악조건을 무시하는 단순한 숫자풀이에 지나지 않기 때문이다.
 대다수의 인류는 틀림없이 멸망한다. 앞으로는 살아남는다는 것이 문제이다. 체질개선을 통해 공해에 적응할 수 있는 체질을 만드는 것이 얼마나 중요하다는 것을 알아야 한다.
 만일 앞으로 10년 내지는 20년 후, 대다수의 사람들이 생식력을 상실하게 된다고 가정할 때, 그렇지 않은 개량품종인

인간들의 집단이 존재한다면[그것은 우리 한국인이 될 공산이 크다] 결국 인류는 원판 수정이 될 수밖에 없는 것이 아니겠는가.

그러기 위해서 우리 한국인들이 원판이라는 자각심을 갖고 체질개선을 통해 지금의 인류와는 판이하게 다른 초능력을 가진 초인간(超人間)으로 진화되어야 한다는 것이 필자의 생각이다. 아직 대부분의 인간들에게는 이 지구라는 도장(道場)이 필요하다. 우리가 육체라는 옷을 완전히 벗어버리고 본래의 '에너지 생명체'로 돌아가기에는 인간은 아직 어리기 때문이다.

문3. 요즘 난치병, 불치병 환자들을 보면 빙의령때문에 일어나는 경우가 많은 것 같은데 평소에 빙의되지 않도록 할 수 있는 생활태도는 무엇일까요?

답 : 우리가 올바른 신앙생활을 하고, 이웃을 아끼며 사랑의 정신으로서 조화된 정신생활을 하면 어떤 빙의령도 빙의되지 않는다.

바른 정신으로서 옳게 살려고 애쓰는 사람의 마음의 파장(波長)은 우주대생명과 일치되어 있을 뿐만 아니라 그 자체의 영혼이 광명체(光明體)가 되어 있기 때문에, 어둡고 부정적인 마음의 파장을 가진 빙의령이 가까이 올수 없기 때문이다.

남을 미워한다든가, 질투한다든가 하는 생각을 갖는다는 것은 그런 생각을 갖는 사람의 건강을 해칠뿐만 아니라, 같은 파장을 지닌 빙의령들을 자기 몸안으로 불러 들이는 결과를 가져 오기 쉬운 것이다.

보호령(保護靈)만 해도 그렇다. 우리가 착한 마음을 갖고 살면 선령(善靈)인 보호령이 보호해 주게 되지만, 악념(惡念)을 갖게 되면 악령이 보호령이 되어 점점 악한 짓을 하게 마련이다.

그리고, 다음은 빙의가 되었다고 느껴질 때, 자기에게 빙의된 영혼과 대화를 주고 받아서는 안된다. 마음 속에서 들려오는 소리와 상대해 주거니 받거니 하게 되면 빙의령을 인정하는게 되고 나중에는 자기 육체 전부를 점령 당하게 된다.

이때는 영원한 생명력의 공급원인 하나님을 생각하고, 그 밖의 것은 한낱 마음의 그림자에 지나지 않는다고 생각하며 빙의령을 불쌍히 여기는 생각을 하게 되면 당신의 영혼은 광명체(光明體)로 변하게 된다. 빙의령의 소리가 차차 작아지고 나중에는 안들리게 된다.

이것도 저것도 안될 때는 필자와 같은 전문가를 방문하고 그 지도를 받으며 '제령'하도록 하면 된다. 한번 '제령'을 해도 빙의되었던 사람은 체질이 변화되었기 때문에 다시 빙의되지 않도록 체질을 개선해야 하고, 무엇보다도 마음가짐을 옳게 갖는 것이 중요하다.

문4. '제령'하는 방법을 배우고 싶은데 가르쳐 주셨으면 합니다. 또, 진동수는 아무나 만들 수 있는지요?

답 : '제령'을 하려면 영사능력(靈査能力)이 있는 영능력자나 영각자(靈覺者)의 경지에 이르지 않고는 불가능하다.

이같은 능력은 전생(前生)에서 부터 닦아야 비로소 가능해지는 것인데, 무슨 영어공부하는 식으로 가볍게 생각해서는 안된다. 또, 체질개선 시술을 받아 능력이 크게 개발된 분들 가운데서 '제령'능력을 갖게 된분도 아주 없는 것은 아니나, 이것은 어디까지나 예외에 속하는 일임을 알아야 한다.

진동수도 또한 마찬가지다. 옴 진동을 내는 동안은 숨을 들여 쉴수가 없다. 뇌의 송과체(松果體)가 완전히 발달되거나 단전이 발달되지 않은 상태에서는 정확한 옴 진동은 거의 불가능하기 때문이다.

옴 진동은 필자가 녹음한 카세트 테이프를 구입해서 진동수를 만들어 마시는 것이 훨씬 간편하다는 것을 알려드리는 바이다.

필자로 부터 체질개선의 시술을 받고, 필자와 똑같은 초능력을 갖게 된 분으로서는 강화도 내가면의 오상교회를 맡고 계시는 박문종 목사님이 계시다.

문5. 우주의 근본은 파동 또는 진동에 있다고 하는데, 거기에 대한 좀더 자세한 설명을 부탁합니다.

답 : 우주는 높고 낮은 여러가지 층을 이루고 있는데, 높고 정묘한 층은 빠른 진동으로 이루어져 있고, 낮고 둔중한 층은 느린 진동으로 이루어져 있다고 한다. 물질세계(物質世界)는 제일 느린 진동으로 이루어져 있다.

심안(心眼)으로 볼때, 우주의 여러가지 진동은 상호간의 차이가 여러가지 빛의 차이로 나타난다. 광물(鑛物)보다 식물 편은 진동이 빠르다. 또 식물보다는 개나 고양이 편이 진동이 빠르게 마련이다. 개나 고양이 보다 인간 쪽이 더 빠른데, 사람들 가운데도 물욕이나 성욕(性慾)에 사로잡혀 있는 사람은 진동이 동물적이며, 또한 높은 심경에 있는 사람은 더욱 진동이 빠르기 때문에 고급령과 공명할 수도 있는 것이다.

현대과학은 물질적인 진동을 취급하고 있지만, 앞으로는 마음의 세계에서 일어나는 진동도 다룰 수 있게 되리라고 생각한다.

그때에 우주의 비밀은 과학적으로 밝혀지게 되고 신령(神靈)들의 모습이나 목소리도 물질적인 진동으로 번역되어 볼 수 있게 되면서 지구인들의 마음도 크게 변화될 것으로 믿어진다.

눈에 보이지 않는 세계를 포함해 전우주(全宇宙)의 구조를 알려면 진동의 원리가 무엇인지 알 필요가 있다.

되풀이 해서 말하지만, 이 땅위의 온갖 사물도 저마다 고유한 진동과 파장을 지니고 있는 것이다. 이를테면, 필자가 지금 쓰고 있는 펜도, 죽어서 움직이지 않는 것 같지만 사실은 굉장한 속도로 진동하고 있는 것이다.

'사람은 존재하는 진동 가운데서 아주 제한된 작은 범위의 진동만을 알수가 있을 뿐이다. 그밖의 진동 세계는 사람에게 있어서 미지(未知)의 것이다. 물질적인 우주는 존재하는 우주 중에서 한 작은 부분에 지나지 않는다.'

이것은 어느 과학자가 한 이야기이다.

이것은 우리들의 눈이, 진동이 너무 빠른 자외선이나 또한 지나치게 느린 적외선도 볼 수가 없으며, 존재하는 빛의 60분의 1에 속하는 가시광선(可視光線)밖에 보이지 않는 사실로 미루어 보아 납득되는 이야기이다. 즉, 우리들은 깊은 층을 이루고 있는 우주의 그 하나의 층만을 보고 존재하는 우주의 전부라고 믿고 있다는 이야기이기도 하다.

우리들 근처에 저승의 영체인간(靈體人間)이나 또는 유령이 서 있어도 우리들 눈에는 보이지 않는다. 그것은 그들의 영체를 구성하는 진동의 파장이 너무 빨라 우리들 눈으로는 볼수가 없기 때문이다.

한편 유령이 문을 통과하는 것은, 유령의 몸의 진동이 문을 구성하는 물질의 진동보다 엄청나게 빠르기 때문이다.

이러한 진동의 원리는 얼른 보기에 야릇하게 느껴지지만, 우리들의 일상생활에서 항상 실행하고 있는 정신세계의 법칙에 대해 이야기하고 있는 것에 지나지 않음을 알아야 한다.

우리들이 상대편의 정신 진동파장에 동조하지 않고서는 상대편의 마음을 파악할 수 없고, 또 이해할 수 없는 것도 이와 똑같은 이치인 것이다.

거듭 말하지만, 우주는 진동으로 꽉 찬 세계이다. 하나님은 '사랑'과 '지혜'와 '힘'의 진동 파장을 지닌 분이므로, 우리는 항상 자기의 마음을 갈고 닦아서 이에 동조하려는 노력을 게을리해서는 안될줄 생각한다.

문6. 저는 심한 알콜 중독때문에 몹시 고민하고 있습니다. 술을 아무리 끊으려고 해도 작심삼일(作心三日)로 계속이 되지 않습니다. 이것도 무슨 심령적인 데에 원인이 있는게 아닐까요?

답 : 필자가 체험한 바에 의하면, 알콜 중독은 순전히 생리적인 중독과 빙의령에 의한 두가지 경우가 있지 않나 한다. 두 경우, 다같이 가장 적절한 조치는 진동수를 열심히 마시

는 일이다. 녹음 테이프에 옴 진동을 녹음해서 집에서 자기 스스로 진동수를 만들어 마실수가 있다. 필자는 약간의 수수료를 받고 옴 진동 테이프를 만들어 주고 있다. 사용법은 테이프 안에 녹음되어 있다.

  진동수를 장기간 복용하면, 몸에 해로운 물질을 몸에서 거부하는 체질로 변화되기 때문에 자연히 술을 싫어하게 된다.

  알콜 중독으로 사망한 사람들의 영혼들이 집단 빙의되어 중독되는 경우도 있는데, 이런 경우에는 진동수가 잘 효과를 나타내지 않거나 또는 당사자가 진동수를 안마시려는 거부 반응을 강하게 나타낸다.

  이런 경우에는 영사(靈査)가 필요하게 되는데, 체질개선 시술과 '제령'을 통해 중독에서 해방되는 경우가 많다.

문7. 저는 스물셋이 되는 여사무원인데, 얼굴의 심한 여드름 때문에 몹시 고민하고 있습니다. 이것도 어떤 영혼이 빙의된 때문이 아닐까요?

  답 : 무엇이든지 호전되지 않는 병을 모두 빙의령과 결부시키는 것은 좀 경솔한 생각이다.

  여드름은 한참 신진대사가 왕성한 나이에 흔히 생기는 현상인데, 원인은 콩팥에 너무 많은 부담을 주어 불순한 가스가 얼굴 피부로 발산되는 데서 생기는 현상이 아닌가 한다.

  여드름은 진동수를 새벽에(공복시) 장기간 복용하고 한편, 비누를 쓰지 않고 진동수로 매일 세수를 하면 대개 깨끗이 없어지게 된다.

  결국, 진동수 복용으로 콩팥의 기능이 완전히 정상화 되고, 또 진동수로 세수함으로써 얼굴 피부 밑의 불순물을 깨끊이 제거하기 때문에 호전되는 것이다.
옴 진동 테이프를 주문해서 사용해 주기 바란다.

문8. 남편의 지나친 외도때문에 항상 고민입니다. 남편도 때로는 이런 자기 자신의 품행이 방정치 못한데 대해서 후회를 하곤 하는데, 영 시정이 되지 않습니다. 이것도 무슨 빙의령이 붙은 때문이 아닐까요?

답 : 남자가 바람을 피우는 데는 여러가지 원인이 있기 때문에 한마디로 뭐라고 할 수는 없으나, 한 남자로부터 버림을 받은 여성의 생령(生靈)이 빙의되어 그 남자를 사회적으로, 가정적으로 파멸시키려고 부인과의 사이를 떼어놓고 바람을 피우게 하는 경우가 많은 것이 사실이다.

이 경우 역시, 부부가 다같이 진동수를 열심히 복용하면 체질이 개선되고, 이어서 성격도 개선되어 행운이 찾아오게 된다.

그런데도 효과가 없을 때는 본인(또는 본인의 사진)에 대한 영사가 필요하다고 생각한다. 지나치게 바람을 피우고 가정을 돌보지 않는 것은 분명히 마음이 병든 상태에서 빚어지는 행동이기 때문이다.

문39. 자식의 도벽(훔치는 악습) 때문에 큰 고민입니다. 이것도 무슨 악령이 빙의된 때문이 아닐까요?

답 : 본문에서도 실례를 든 바 있지만, 도벽은 대부분의 경우 악령의 빙의로 생기는 악습인 경우가 많다.

간질과 마찬가지로 전생(前生)에서의 원한령들이 빙의되

어 도벽을 가진 사람을 가정적으로나 사회적으로 매장시키려는 끈질긴 시도인 경우가 많은 것이다.
　이때 영사가 필요하게 된다.

편저자 약력

서울에서 출생하여 서울대 문리대 국문과를 졸업. 1951년 경향신문 신춘문예에 「聖火」가 당선되어 문단에 데뷔. 그후 일본에 진출하여 「심령치료」「심령진단」「심령문답」등을 저술하여 일본의 심령과학 전문 출판사인 대륙서방에서 간행하여 큰 호응을 얻었으며, 다년간 심령학을 연구함. 그후 「업」「업장소멸」,「영혼과 전생이야기」「인과응보」「초능력과 영능력개발법」「최후의 해탈자」「사후의 세계」「심령의 세계」등 심령과학시리즈 20여종 저술(서음미디어 간행)

|판권|
|소유|

증보판 발행 : 2010년 5월 10일
발행처 : 서음출판사(미디어)
등 록 : No 7-0851호
서울시 동대문구 신설동 94-60
Tel (02) 2253-5292
Fax (02) 2253-5295

편저자 l 안 동 민
발행인 l 이 관 희
본문편집 l 은종기획
표지 일러스트
Juya printing & Design
홈페이지 www.seoeumbook.com
E. mail seoeum@hanmail.net

*이 책은 저작권법에 의해 보호를 받는 저작물이므로 무단 전제나 복제를 금합니다.
ⓒ seoeum